Kathrin Braasch

Handlungsmöglichkeiten der Kinder- und Jugendhilfe bei Kindeswohlgefährdung

Wie das Jugendamt potenzielle Gefährdungen richtig einschätzt

Bibliografische Information der Deutschen Nationalbibliothek:

Die Deutsche Nationalbibliothek verzeichnet diese Publikation in der Deutschen Nationalbibliografie; detaillierte bibliografische Daten sind im Internet über http://dnb.d-nb.de abrufbar.

Impressum:

Copyright © Science Factory 2020

Ein Imprint der GRIN Publishing GmbH, München

Druck und Bindung: Books on Demand GmbH, Norderstedt, Germany

Covergestaltung: GRIN Publishing GmbH

Inhaltsverzeichnis

Abkürzungsverzeichnis V

1 Einleitung 1

2 Kindeswohl, Elternrecht und Staatliches Wächteramt 6

3 Kindeswohlgefährdung 13
    3.1 Kindeswohlgefährdung nach §1666 Abs. 1 BGB 13
    3.2 Erscheinungsformen von Kindeswohlgewährdung 20

4 Schutzauftrag der Kinder- und Jugendhilfe nach § 8A SGB VIII bei Kindeswohlgefährdung 28

5 Die Akteure und Handlungsmuster des Allgemeinen Sozialen Dienstes (ASD) 31
    5.1 AdressatInnen 32
    5.2 Professionelle Kompetenzen und Arbeitsprinzipien von Fachkräften 32
    5.3 Kooperationspartner 37

6 Umsetzung des Schutzauftrages in der Praxis durch den ASD 38

    6.1 Verfahrensschritte des ASD bei Verdacht einer Kindeswohlgefährdung 39

7 Instrumente zur Risikoeinschätzung und ihre Grenzen bzw. Risiken 48

8 Perspektiven der Verbesserung der Einschätzung von Kindeswohlgefährdung durch den ASD 51

Literaturverzeichnis 55

Abkürzungsverzeichnis

Abs.	Absatz
Art.	Artikel
ASD	Allgemeiner Sozialer Dienst
BGB	Bürgerliches Gesetzbuch
BVerfG	Bundesverfassungsgericht
BVerfGE	Sammlung der Entscheidungen des Bundesverfassungsgerichts
ebd.	ebenda
f.	folgende
FamFG	Gesetz über das Verfahren in Familiensachen und in den Angelegenheiten der freiwilligen Gerichtsbarkeit
FGG	Gesetz über die Angelegenheiten der freiwilligen Gerichtsbarkeit
GG	Grundgesetz
KICK	Kinder- und Jugendhilfeweiterentwicklungsgesetz
KiWoMaG	Gesetz zur Erleichterung familiengerichtlicher Maßnahmen bei Gefährdung des Kindeswohls
n.	nach

Abkürzungsverzeichnis

Rd.-Nr.	Randnummer
SGB	Sozialgesetzbuch
vgl.	vergleiche
zit.	zitiert

1 Einleitung

Die vorliegende Arbeit thematisiert die Handlungsmöglichkeiten der Kinder- und Jugendhilfe bei Kindeswohlgefährdung. In meiner Tätigkeit als Erzieherin in der Kinder- und Jugendhilfe des Deutschen Roten Kreuzes kontaktierte mich das Jugendamt mehrfach, um Informationen über ein Kind zu erhalten. Hierbei wurde einerseits nach Auffälligkeiten in Bezug auf das Kind, aber auch nach möglichen Beobachtungen im Zusammenhang mit den Eltern gefragt. Zudem kam es in einem Fall dazu, dass ein Kind während der Ganztagsbetreuung von Fachkräften des Jugendamtes abgeholt und in Obhut genommen wurde. Dieser Eingriff in die elterliche Sorge hat die Frage aufgeworfen, welche Hilfsangebote zuvor bereitgestellt und welche Handlungsschritte bis zu diesem Punkt von Seiten des Jugendamtes unternommen wurden, die eine Inobhutnahme begründen. Im Mittelpunkt dieser Bachelorarbeit steht die Frage, wie sich eine Kindeswohlgefährdung durch die Kinder- und Jugendhilfe (Allgemeiner Sozialer Dienst) sicher einschätzen lässt. Ziel ist es, die Verfahrensschritte des Allgemeinen Sozialen Dienstes (ASD) bei Verdacht einer Kindeswohlgefährdung aufzuzeigen und Instrumente zur Risikoeinschätzung zu erläutern, mit deren Hilfe eine Beurteilung der Gefährdungslage erfolgt. Fragen über die möglichen Ursachen und Folgen einer Kindeswohlgefährdung würden den Rahmen der vorliegenden Arbeit überschreiten und werden außer Acht gelassen.

Im Rahmen der eingetretenen Novellierung des SGB VIII (Achtes Buch Sozialgesetzbuch – Kinder- und Jugendhilfe) am 01.10.2005 wurde § 8a SGB VIII eingeführt, der „die Wahrnehmung des Schutzauftrages bei Kindeswohlgefährdung" (Meysen 2012: 25) beinhaltet. Die Konkretisierung des Schutzauftrages zielt darauf ab, dass Fachkräfte im Einzelfall das Kindeswohl noch besser schützen können und in die Lage versetzt werden, diesbezüglich noch bessere Beurteilungen vorzunehmen, indem sie angewiesen werden, Gefährdungseinschätzungen „im Zusammenwirken mehrerer Fachkräfte" (Jordan 2008: 7) vorzunehmen und entsprechende Maßnahmen einzuleiten (vgl. ebd.). Zu den Einschätzungsaufgaben gehören die erste Gefährdungsbeurteilung, die Sicherheitseinschätzung sowie das Nachgehen von Vermutungen hinsichtlich physischer und psychischer „Misshandlungen, Vernachlässigung oder sexuellen Missbrauch[s]" (Meysen 2012: 28).

Die Frage der Arbeit lässt sich erziehungswissenschaftlich damit begründen, dass das professionelle Tätigkeitsfeld der Fachkräfte die Wissenschaft für ihre praktische Arbeit voraussetzt. Unter dem Begriff ‚Wissenschaft' ist hierbei die Absicht zu verstehen, Besonderheiten und „Zusammenhänge verstehbar und erklärbar zu machen" (Dörpinghaus / Uphoff 2011: 10). Mittels einer methodischen Vorgehensweise drückt die Wissenschaft Wissen in Hinblick auf einen Sachbereich aus (vgl. ebd.). Erziehungswissenschaft, auch „wissenschaftliche Pädagogik" (Tenorth / Tippelt 2007: 213) genannt, beinhaltet verschiedene Teilgebiete, die sich auf der einen Seite mit speziellen Fragen befassen, und auf der anderen Seite als Antwort auf soziale Problemsituationen und „Anforderung oder Zielsetzung" (Dörpinghaus / Uphoff 2011: 9) betrachtet werden. Durch das Studium sollen „wissenschaftlich ausgebildete [P]rofessionelle" (Schulze-Krüdener / Homfeldt 2001: 204) dazu befähigt werden, eine theoretisch begründete Reflexion der beruflichen Tätigkeit „in den Blick zu nehmen, diese wissenschaftlich zu (re)konstruieren" (ebd.). Die Sicherheit und Fertigkeit, in der Praxis methodische und wissenschaftstheoretische Instrumente bedienen zu können, erzeugt eine sich fortentwickelnde Fähigkeit, pädagogische Handlungsplanung zu hinterfragen und aus eigens begründeten Untersuchungen Handlungsmöglichkeiten zur Behebung bestimmter Problemstellungen aus der beruflichen Praxis zu erarbeiten (vgl. ebd.: 204f.). Daraus lässt sich schließen, dass Fachkräfte des ASD über bestimmte Fähigkeiten verfügen müssen, die sie nur durch eine wissenschaftliche Ausbildung erlangen können. In der Praxis benötigen Fachkräfte wissenschaftliche Kenntnisse, um Theorien und Methoden anzuwenden sowie ihre Handlungen zu reflektieren und darüber hinaus komplexe Aufgaben durch eigene Deutungsfähigkeit lösen zu können (z. B. in der Einzelfallbearbeitung).

Um sowohl die Frage als auch das Ziel der Arbeit erarbeiten zu können, wurde eine Literaturarbeit als methodische Vorgehensweise gewählt. Hierbei wurden sowohl die Datenbank *Fachinformationssystem Bildung des Fachportals Pädagogik* als auch der virtuelle *Campus-Katalog* zur Suche der Literatur herangezogen. Um möglichst passende Literatur zu finden, wurden Schlagwörter wie ‚Kindeswohl‘, ‚Kindeswohlgefährdung‘, ‚Kinderschutz‘, ‚Kinder- und Jugendhilfe‘, ‚Allgemeiner Sozialer Dienst‘, ‚SGB VIII‘ und ‚Schutzauftrag‘ benutzt. Hierbei wurde darauf geachtet, möglichst keine Literatur auszuwählen, die älter als 2005 ist, um die Novellierung des SGB VIII in Bezug auf den Schutzauftrag inhaltlich und auf die Praxis bezogen aktuell wiedergeben zu können. Des Weiteren wurde nach relevanten Autoren gesucht, wie z. B. Deegener, der mit dem Thema Kinderschutz in Verbindung gebracht wird, sowie Meysen, Körner, Kindler, Jordan und Gissel-Palkovich. Durch diese Recherche wurde geeignete Literatur gefunden, mit der eine kritische Auseinandersetzung möglich war. Hierzu gehören u. a. das *Handbuch Kindeswohlgefährdung nach § 1666 BGB und Allgemeiner Sozialer Dienst (ASD)* von Kindler et al.

(2006), *Kindeswohlgefährdung. Rechtliche Neuerungen und Konsequenzen für den Schutzauftrag der Kinder- und Jugendhilfe* von Jordan (2008), *Erfassung von Kindeswohlgefährdung in Theorie und Praxis* von Körner / Deegner (2011), das *Lehrbuch Allgemeiner Sozialer Dienst – ASD* von Gissel-Palkovich (2011) sowie natürlich die entsprechenden Gesetzestexte.

Zu Beginn der Arbeit wird im zweiten Kapitel ein Überblick über relevante Begriffe zum Thema Kindeswohlgefährdung gegeben. Hierzu gehören ‚Kindeswohl', ‚Elternrecht' und ‚Staatliches Wächteramt', die definiert und durch Gesetze belegt werden. Im dritten Kapitel, das die Kindeswohlgefährdung thematisiert, wird der Begriff nach § 1666 Abs. 1 BGB definiert und das ‚Gesetz zur Erleichterung familiengerichtlicher Maßnahmen bei Gefährdung des Kindeswohls' erläutert. Außerdem werden drei Voraussetzungen für die Feststellung einer Kindeswohlgefährdung beschrieben und Erscheinungsformen von Kindeswohlgefährdungen dargelegt. Im Zentrum des vierten Kapitels steht der Schutzauftrag der Kinder- und Jugendhilfe nach § 8a SGB VIII, indem erklärt wird, wer mit dem Schutz des Kindeswohls beauftragt ist und welche Gesetzesänderungen es im Jahr 2005 im Rahmen des Gesetzes zur Weiterentwicklung der Kinder- und Jugendhilfe gegeben hat. Das fünfte Kapitel beschäftigt sich mit den Akteuren und Handlungsmustern des ASD, dessen Aufgabenfeld beschrieben wird. Außerdem werden die AdressatInnen des ASD benannt sowie das professionelle Selbstverständnis und die Arbeitsprinzipien der Fachkräfte dargelegt. Der letzte Punkt dieses Kapitels widmet sich den Kooperationspartnern sowie dem ganzheitlichen Leistungsauftrag des ASD. In Kapitel 6 folgt die Umsetzung des Schutzauftrages in der Praxis durch den ASD. Aufgezeigt werden hier die Handlungsschritte bei Verdacht auf eine Kindeswohlgefährdung, einschließlich der gewichtigen Anhaltspunkte einer Gefährdung sowie der Gefährdungseinschätzung. Nachfolgend schließt das siebte Kapitel mit einer kurzen Zusammenfassung und einem Ausblick auf die Perspektiven zur Verbesserung der Einschätzung von Kindeswohlgefährdung die vorliegende Arbeit ab.

2 Kindeswohl, Elternrecht und Staatliches Wächteramt

Um die Handlungsmöglichkeiten der Kinder- und Jugendhilfe bei einer Kindeswohlgefährdung aufzuzeigen, sei zunächst definiert, was ‚Kindeswohl`, ‚Elternrecht' und ‚staatliches Wächteramt' bedeuten. Schone (2008: 25) erklärt, dass der Begriff Kindeswohl ein unbestimmter Rechtsbegriff ist. Mit einem unbestimmten Rechtsbegriff werden nach Wiesner (2005: 289) Begriffe benannt, die weder von der Zeit noch vom Ort in eindeutige Gruppen von Rechtsgebieten einzuteilen sind, sondern Begriffskategorien, die sich durch ähnelnde Lebensumstände zuzuordnen lassen. Es gibt keine genaue Definition darüber, was ‚Kindeswohl' genau bedeutet „[...] was als gut für Kinder gilt, was also ihrem Wohl entspricht, [ist] nicht allgemeingültig bestimmbar, sondern immer auch von kulturell, historisch-zeitlich oder ethischen geprägten Menschenbildern abhäng[t]ig" (Schone/Hensen 2011: 17;). Eltern bestimmen und verwirklichen eigenverantwortlich ihre Auffassungsgabe von dem Begriff Kindeswohl (vgl. Schone/Hensen 2011: 17). „Für die einen ist die Erziehung zur Konkurrenzfähigkeit, für die anderen zur Solidarität und Kooperation der oberste Maßstab einer dem Kindeswohl entsprechenden Erziehung" (ebd.: 17). Der Staat gesteht Eltern trotz unterschiedlicher Sichtweisen das Recht zu, ihre Kinder nach eigenen Prinzipien und Normen zu erziehen (vgl. ebd.: 17). Diese individuelle Vorgehensweise räumt das Grundgesetz in Art. 6 Abs. 2 Satz 1 den Eltern ein (Schmid/Meysen 2006: 2-3). Ebenso sind Erziehung und Wahrung des Kindeswohls im Grundgesetz Art. 6 Abs. 2 Satz 1 klar als Funktion der Eltern positioniert: „Pflege und Erziehung sind das natürliche Recht der Eltern und die zuvörderst ihnen obliegende

Pflicht" (in Wiesner 2006:1-1). Dieses offizielle Recht und die daraus resultierenden Pflichten werden vom Bundesverfassungsgericht „als *Eltern-verantwortung* bezeichnet" (BVerfGE 24, 119 145 in: ebd.: 1-1, Hervorh. im Orig.). Diese besteht, bis das Kind die Volljährigkeit erlangt hat (§1626 Abs. 1 BGB, in: Meysen 2012: 21). Eltern sind dafür verantwortlich, das Kind vor Gefährdungen zu schützen und für dessen Wohl zu sorgen (vgl. Wiesner 2006: 1-1). Diese Elternver-antwortung basiert auf einer Feststellung des Bundesverfassungsgerichts, in der es bedeutungsgleich heißt, dass jemand, der einem Kind das Leben schenkt, auch dazu befähigt ist, Verpflichtungen wie Fürsorglichkeit und Erziehung des Kindes zu gewährleisten (vgl. ebd.: 1-1). Nachfolgend führt das Gericht die Rechte der Eltern auf das Wesentliche zurück, indem es sagt, dass das Wohlergehen des eigenen Kindes den Eltern wichtiger ist als allen anderen Menschen oder Organisationen (vgl. ebd.: 1-1). Die Verfassung der Bundesrepublik Deutschland bestimmt somit die Eltern „als [die] „*natürliche Sachwächter*" des Kindeswohls (vgl. BVerfGE 34,165 (184) in: Schmid/Meysen 2006: 2-2, Hervorh. im Orig.). Das Recht, im Interesse des Kindes zu agieren, ist laut Bundesverfassungsgericht ein fremdnütziges Recht, welches „um das Wohl des Kindes willen" (Schmid/Meysen 2006: 2-3) existiert. Schmid und Meysen (ebd.) folgen der Auffassung von Langenfeld und Wiesner (2004: 48f. in: vgl. ebd.) „dass das Ziel der Erziehung zu einer eigenverantwortlichen und gemeinschafts-fähigen Persönlichkeit (vgl. auch § 1 Abs. 1 SBG VIII) am besten in der elterlichen Geborgenheit, im Rahmen der natürlichen Eltern-Kind-Beziehung erreicht werden kann". Das Grundgesetz beinhaltet keine speziellen Grundrechte, die nur für Kinder und Jugendliche ausgelegt sind (vgl. Schmid/Meysen 2006: 2-2). Folgt man dem Gedanken von Schmid und Meysen (ebd.), so lässt sich mit entscheidenden Rechten in der Verfassung, der Begriff Kindeswohl genauer präzisieren. Demnach sind Kinder und Jugendliche Grundrechtträger

- „mit eigener Menschenwürde
  (Art. 1 Abs. 1 Satz 1 GG),
- mit dem Recht auf Leben und körperliche Unversehrtheit
  (Art. 2 Abs. 2 Satz 1 GG),
- mit dem Recht auf Entfaltung ihrer Persönlichkeit
  (Art. 2 Abs. 1 i.V.m. Art. 1 Abs. 1 GG),
- die den Schutz ihres Eigentums und Vermögens genieß[t]en
  (Art. 14 Abs. 1 GG) (ebd.: 2-2).

Die aufgeführten Grundrechte sind nicht nur relevant im Bezug auf die Rechte, die Kinder und Jugendliche gegenüber dem Staat haben, sondern gelten in der Tat auch gegenüber den Eltern (vgl. ebd.). Daraus lässt sich ableiten, dass die Grundrechte von Kindern und Jugendlichen eine enorme Relevanz für die Begriffserläuterung des Kindeswohls besitzen (vgl. ebd.). Wird das Kindeswohl beeinträchtigt, kann das Kind zu Schaden kommen und womöglich seine Individualität dadurch nicht frei entfalten (vgl. ebd.). Nach Schmid und Meysen (ebd.) ist die aus den Grundrechten abgeleitete Begriffsbestimmung des Kindeswohls sowohl ein zu einem bestimmten Zeitpunkt vorhandener Zustand, als auch der Entwicklungsverlauf zur Individualitätsfindung. Daraus folgt, dass der Begriff Kindeswohl „gleichermaßen Gegenwarts- wie Zukunftsbezug" (ebd.: 2-3) hat und zwei Zusammenhänge miteinbezieht: „Förderung und Schutz" (ebd.). Kinder und Jugendliche sind auf eine bestmögliche Förderung sowie den Schutz vor Gefahren angewiesen (Langenfeld/Wiesner 2004: 50f. und 59f. in: Schmid/Meysen 2006: 2-3). Durch die bereits erwähnten

Grundrechte eines jungen Menschen einerseits sowie das hieraus hergeleitete Kindeswohl andererseits lässt sich der wesentliche auszufüllende Rahmen des Elternrechts bzw. der Elternverantwortung festlegen und deren Grenzen aufzeigen (ebd.: 2-3).

Eltern sind laut der Gesetzgebung *„die ersten Anwälte für die Interessen und Bedürfnisse von Kindern und Jugendlichen"* (Wiesner 2006: 1-1; Hervorh. im Orig.). Wiesner (ebd.: 1-2) erklärt, dass diese maßgebende Feststellung einen Kontrast zur Wirklichkeit darstellt. Einige Eltern gelangen aus den verschiedensten Ursachen an ihre Grenzen und sind dadurch nicht in der Lage, ihre Elternverantwortung dem Kindeswohl entsprechend umzusetzen (vgl. ebd.). Nach Wiesner (ebd.) entsteht dadurch ein erhöhtes Risiko, enormen Schaden oder auch dem Tod zu erleiden. Schindler (2011: 32) erklärt, dass es dem Staat prinzipiell verwehrt ist, in die Erziehung sowie in die soziale und emotionale Beziehung zwischen dem Kind und deren Eltern einzuschreiten. Das Kind ist davon abhängig, dass seine Eltern ihre Pflichten erfüllen und die Erziehung nicht vernachlässigen (vgl. ebd.: 36). Laut Art. 6 Abs. 2 Satz 2 GG wacht darüber die staatliche Gemeinschaft. Träger des sogenannten staatlichen Wächteramtes ist nach dem Grundgesetz der Staat mit seinen Institutionen (vgl. Wiesner 2008: 13). Der Staat ist dazu verpflichtet, darüber zu wachen und einzugreifen, wenn Eltern in der Ausübung des Elternrechts versagen (vgl. ebd.: 11). Wiesner führt auf, dass Eltern mit dem Staat nicht um die jeweils angemessenere Ausführung des Erziehungsauftrags konkurrieren (vgl. ebd.: 9). Die elterliche Erziehungsverantwortung hat Vorrang, der Staat bzw. das staatliche Wächteramt ist dieser untergeordnet (ebd.: 10f.). Wird die elterliche Sorge verletzt oder der Rahmen des Elternrechts überschritten, ist das Staat verpflichtet, einzuschreiten und die Gefährdung oder Schädigung aufzuheben (vgl.

Schmid/Meysen 2006: 2-4). Wiesner (2008: 12) erläutert hierzu, dass die Ausübung des staatlichen Wächteramtes nicht dazu berechtigt, bei jedem Scheitern elterlicherseits, die Verantwortung der Eltern zu deaktivieren oder diese eigenhändig zu vollziehen. Dem Grunde nach hat der Staat den Eltern den Vorrang einzuräumen (vgl. ebd.: 12). Anzumerken ist hierbei, dass die Ausübung des staatlichen Wächteramtes „dem Grundsatz der Verhältnismäßigkeit Rechnung [zu] tragen" (Schmid/Meysen 2006: 2-4) hat. Der Begriff Verhältnismäßigkeit besagt nach Schmid und Meysen (ebd.), dass die eingesetzten Schutzmaßnahmen für das Kind geeignet, notwendig und in einem adäquaten Zusammenhang zum Elternrecht stehen müssen. Dabei wirkt der Staat unter Zwang zukunftsorientiert in das Elternrecht ein, um weitere kindeswohlgefährdende Umstände abzuwenden (vgl. Jestaedt 1995, Art. 6 Abs. 2 und 3 Rd.-Nr. 164 in: ebd.). Bereits aufgetretene oder eingesetzt habende Schäden am Kind reichen nicht aus; die Schädigung muss bevorstehen (vgl. Schone/Hensen 2011: 20). Umfang und Art des Interaktionsvorgangs sind abhängig von der Intensität des Fehlverhaltens der Eltern und was den Interessen des Kindes am besten dient (vgl. Wiesner 2008: 12). Der Staat ist primär verantwortlich dafür, eine zuverlässige Gestaltung der Elternverantwortung zu erwirken bzw. diese zu regulieren, indem er die Eltern in ihrer Verpflichtung anregt und behilflich ist (vgl. Schmid/Meysen 2006: 2-4). Ferner ist der Staat dazu berechtigt, den Eltern die Erziehungs- und Pflegerechte in dem Fall, dass sich die eingeleiteten Handlungsmaßnahmen zur Gefährdungsabwehr als ungenügend erweisen oder die nahegelegten Hilfeleistungen abgelehnt werden, zeitweise oder dauerhaft zu entziehen (ebd.: 2-4). Unter diesen Umständen ist der Staat unmittelbar dazu verpflichtet, günstigere Lebensumstände für ein natürliches Heranwachsen des Kindes zu ermöglichen (Langenfeld/Wiesner 2004, S. 60ff. in: ebd.: 2-4). Gemäß Art. 6 Abs. 3 GG ist die Trennung des Kindes von seinen Eltern nur zulässig, wenn sie infolge einer rechtmäßigen Grundlage vollzogen wird und ein Scheitern der Eltern zu Grunde liegt oder sich aus anderen Gründen eine Verwahrlosung des Kindes abzeichnet (vgl. Schmid/Meysen 2006: 2-4). Nach Schmid und Meysen (ebd.: 2-4). ist eine schwere gegenwärtige Gefahr für das Wohl des Kindes ausschlaggebend, um das Kind aus seinem familiären Umfeld herauszunehmen. Eine derartige Gefahr besteht, „wenn die körperliche, seelische und geistige Entwicklung des Kindes so weit unter der normalen Entwicklung bleibt" (ebd.: 2-4), unter diesen Umständen ist eine Herausnahme aus dem häuslichen und familiären Umfeld unvermeidlich, um Schäden im Entwicklungsprozess zu vermeiden (Maunz et al. 2003, Art. 6 Rd.-Nr. 141 in: ebd.: 2-4). Ergänzend muss angemerkt werden, dass „[a]us der [...] grundgesetzlichen Verpflichtung zum Schutz des Kindes (...) sich aber noch keine konkreten Befugnisse bzw. Handlungsaufträge für Gerichte oder Behörden zur Gegenabwehr [ergeben]" (ebd.: 12). Die Verpflichtung des Staates in Art. 6 Abs. 2 Satz und Abs. 3 muss anhand von Gesetzen näher bestimmt werden (vgl. Schmid/Meysen 2006: 2-4). Dies erfolgt durch den Gesetzesgeber vor allem im BGB in Hinsicht auf die Aufgaben der Familiengerichte und im Achten Buch Sozialgesetzbuch – Kinder und Jugendhilfe (SGB VIII) in Hinsicht auf die Aufgabenbereiche der Kinder- und Jugendhilfe (vgl. Wiesner 2008: 12). Durch die am 01.10.2005 in Kraft getretene Ergänzung des Gesetzes zur Weiterentwicklung der Kinder- und Jugendhilfe wurde eine genauere Verfahrensregelung vorgenommen (vgl. ebd.: 12f.). Auf diese wird im weiteren Verlauf der Arbeit genauer eingegangen. Der Vollständigkeit halber ist zu erwähnen, dass das staatliche Wächteramt auch weiteren Trägern und

Berufsgruppen zufällt, wie z.B. der Polizei, Schule, Strafjustiz, Gesundheitsamt u.a. (vgl. Meysen 2012: 18).

3 Kindeswohlgefährdung

3.1 Kindeswohlgefährdung nach §1666 Abs. 1 BGB

Der Begriff der Kindeswohlgefährdung ist ein unbestimmter Rechtsbegriff, der nicht genau festgelegt ist (vgl. Schone 2008: 26). Schone und Hensen (2011: 20) heben hervor, dass Kindeswohlgefährdung „ein rechtliches und normatives Konstrukt" ist, das sich nicht an Gegebenheiten oder Taten beobachten lässt. Dieses Konstrukt beruht darauf, dass objektive Betrachtungen und Einschätzungen der Lebenssituation anhand von Tatbestandsmerkmalen erfasst und Prognosen über eine Weiterentwicklung des Kindes aufgestellt werden (vgl. Schone 2008: 12).

Die gesetzlichen Regelungen sind in §8a SGB VIII und §1666 BGB verankert (vgl. ebd.:26). Die wichtigste Grundlage nach §1666 Abs. 1 BGB beinhaltet folgende gesetzliche Definition:

> „Wird das körperliche, geistige oder seelische Wohl des Kindes oder sein Vermögen gefährdet und sind die Eltern nicht gewillt oder nicht in der Lage, die Gefahr abzuwenden, so hat das Familiengericht die Maßnahmen zu treffen, die zur Abwendung der Gefahr erforderlich sind".

Im Juli 2008 ist das Gesetz zur Erleichterung familiengerichtlicher Maßnahmen bei Gefährdung des Kindeswohls (KiWoMaG) in Kraft getreten (vgl. Unger 2008).

Bis vor dieser Gesetzesänderung galten folgende vier Ursachen als Gefährdungsgrundlage „die missbräuchliche Ausübung der elterlichen Sorge, die Vernachlässigung des Kindes, das unverschuldete

Elternversagen und das Verhalten eines/einer Dritten" (Schorn 2011: 9). Diese Gefährdungsursachen „des elterlichen Erziehungsversagens" (Nahrwold 2011: 150) wurden in §1666 Abs. 1 BGB gestrichen. Als Berechtigungsgrundlage für familiengerichtliche Maßnahmen werden nach der neuen Fassung nur noch zwei Tatbestandsmerkmale vorausgesetzt. Diese sind

- „Gefährdung des Kindeswohl und
- Mangelnde Bereitschaft / Fähigkeit der Eltern zur Gefahrenabwehr" (ebd.).

Durch diese Gesetzesänderung ist das verschuldete oder unverschuldete Versagen der Eltern für das Tätigwerden des Familiengerichts zum Schutz des Kindes nicht mehr relevant (vgl. ebd.). Das Ziel ist, von schwer nachweisbaren Anschuldigungen des Erziehungsversagens, die in der praktischen Fallarbeit zu Erschwernissen führen abzusehen und dadurch einen schnelleren und effektiveren Schutz von gefährdeten Kindern zu erreichen (vgl. BT-Drs. 16/6815,14 in: Nahrwold 2011: 150). Durch den Wegfall von Vorwürfen „elterlichen Erziehungsversagens" (Nahrwold 2011: 150) soll die Bereitwilligkeit der Eltern zur Mitarbeit gewonnen werden.

Durch das Gesetz zur Erleichterung familiengerichtlicher Maßnahmen bei Gefährdung des Kindeswohls, wird die Schwelle zur Eingriffsberechtigung in das Recht der Eltern nicht herabgestuft (vgl. BT-Drs. 16/6815,14 in: Nahrwold 2011: 156). Zu erwähnen sind in diesem Zusammenhang weitere Neuregelungen in Bezug auf §1666 BGB (vgl. Schone/Hensen 2011: 16). Zum einem wurden nach §1666 Abs. 3 BGB familiengerichtliche Maßnahmen näher bestimmt:

(3) Zu den gerichtlichen Maßnahmen nach Absatz 1 gehören insbesondere

1. Gebote, öffentliche Hilfen wie zum Beispiel Leistungen der Kinder- und Jugendhilfe und der Gesundheitsfürsorge in Anspruch zu nehmen,

2. Gebote, für die Einhaltung der Schulpflicht zu sorgen,

3. Verbote, vorübergehend oder auf unbestimmte Zeit die Familienwohnung oder eine andere Wohnung zu nutzen, sich in einem bestimmten Umkreis der Wohnung aufzuhalten oder zu bestimmende andere Orte aufzusuchen, an denen sich das Kind regelmäßig aufhält,

4. Verbote, Verbindung zum Kind aufzunehmen oder ein Zusammentreffen mit dem Kind herbeizuführen,

5. die Ersetzung von Erklärungen des Inhabers der elterlichen Sorge,

6. die teilweise oder vollständige Entziehung der elterlichen Sorge (§1666 Abs. 3 BGB).

Zum anderen ist „im neu formulierten Familienverfahrensgesetz (FamFG) (als Nachfolgegesetz des FGG) ein Vorrang- und Beschleunigungsgebot und eine besondere Rolle der RichterInnen bei der Erörterung der Kindeswohlgefährdung verankert" (Schone/Hensen 2011: 16):

> (2) Das Gericht erörtert in Verfahren nach Absatz 1 die Sache mit den Beteiligten in einem Termin. Der Termin soll spätestens einen Monat nach Beginn des Verfahrens stattfinden. Das Gericht hört in diesem Termin das Jugendamt an. Eine Verlegung des Termins ist nur aus zwingenden Gründen zulässig. Der Verlegungsgrund ist mit dem Verlegungsgesuch glaubhaft zu machen (§155 Abs. 2 FamFG).

Hierbei ist auch der § 157 FamFG zu erwähnen, der ausschließlich einen Termin zur Erörterung im Verfahren von Kindeswohlgefährdung mit allen Beteiligten vorgibt (vgl. Nahrwold 2011: 152):

> (1) In Verfahren nach den §§ 1666 und 1666a des Bürgerlichen Gesetzbuchs soll das Gericht mit den Eltern und in geeigneten Fällen auch mit dem Kind erörtern, wie einer möglichen Gefährdung des Kindeswohls, insbesondere durch öffentliche Hilfen, begegnet werden und welche Folgen die Nichtannahme notwendiger Hilfen haben kann (§157 Abs. 1 FamFG).

Durch die Absenkung von Tatbestandshürden sollen Jugendämter dazu angeregt werden die Familiengerichte eher anzurufen, um die Vielfalt von Unterstützungs-angeboten frühzeitig nutzen zu können (vgl. Nahrwold 2011: 157). Das Gericht ist im familienrechtlichen Verfahren durch das Vorrang- und Beschleunigungsgebot in der Pflicht, unmittelbar nach Verfahrensbeginn „den Erlass einer einstweiligen Anordnung zum Schutz des Kindes zu prüfen" (ebd.: 152) und binnen eines Monats den Sachverhalt mit den Beteiligten ausführlich zu besprechen. Durch den Verfahrensschritt nach §157 FamFG findet ein sogenannter Erörterungstermin mittels „eines runden Tisches" (ebd.: 152) statt. Das Familiengericht, die beteiligten Eltern sowie das Jugendamt und nach Möglichkeit auch das Kind bereden bei diesem Termin wie einer „mögliche[n] Kindeswohlgefährdung" (ebd.) durch öffentliche Hilfen entgegengewirkt werden kann (vgl. ebd.).

Die Gefährdung des Kindes ist nach der Rechtsprechung des Bundesgerichtshofs vom 23.11.2016 dann anzunehmen, wenn

> „eine gegenwärtige, in einem solchen Maß vorhandene Gefahr festgestellt wird, dass bei der weiteren Entwicklung der Dinge eine erhebliche Schädigung des geistigen oder leiblichen Wohls des Kindes mit hinreichender Wahrscheinlichkeit zu erwarten ist" (XII ZB 149/16).

Dahingehend lässt sich das Kindeswohl gemäß §1666 Abs. 1 BGB als gefährdet verstehen, wenn sich durch eine festgestellte anhaltende Gefahr eine Beeinträchtigung des physischen oder psychischen Wohles mit größter Wahrscheinlichkeit erwarten und belegen lässt (vgl. Schone/Hensen 2011: 20). Dementsprechend zeichnen sich drei Voraussetzungen für die Feststellung einer Kindeswohlgefährdung ab, die zusammen bestehen müssen:

- „eine gegenwärtige vorhandene Gefahr,
- Erheblichkeit der Schädigung und
- die Sicherheit der Vorsorge" (Schmid/Meysen 2006: 2-5).

3.1.1 Gegenwärtige vorhandene Gefahr

Im Fokus der ‚gegenwärtigen vorhanden Gefahr' stehen ausschließlich individuelle Gegebenheiten, inwieweit grundsätzliche Bedürfnisse des jeweiligen Kindes nach Fürsorge, Sicherheit und Erziehung erfüllt werden (vgl. ebd.: 2-5). Die Vermutung, ob eine gegenwärtige vorhandene Gefahr vorliegt, kann durch nachweisbares Unterlassen oder Tun elterlicherseits (z.B. Gewaltausübung gegen das Kind) oder durch eindeutig zu sehende Lebenssituationen des Kindes (z.B. Knappheit an Nahrungsmitteln oder offensichtliche Verletzungsgefahren) und außerdem durch Betrachtung der Kindesentwicklung (z.B. ersichtliche Deliquenzentwicklung) entstehen (vgl. ebd.). Schmid und Meysen (ebd.) machen deutlich, dass in der tatsächlichen Fallarbeit entscheidend ist, die Lebenssituationen, genauer gesagt die Handlungen „oder Unterlassungen der Eltern mit den Bedürfnissen eines konkreten Kindes in Beziehung zu setzen". In diesem Sinne weichen nach Schmid und Meysen (ebd.) die Bedingungen für eine gegenwärtige Gefahr für ein Säugling oder Kleinkind (z.B. Durchschütteln) zu den eines älteren Kindes ab.

3.1.2 Erheblichkeit der Schädigung

Nicht jede elterliche Beeinträchtigung oder Beschränkung der Entwicklung und nicht jede Interessenverletzung lässt sich als Gefährdung des Kindeswohls gemäß §1666 Abs. 1 BGB auslegen (vgl. Schmid/Meysen 2006: 2-6). In dem Fall, dass eine Entwicklung des Kindes „nicht erheblich bedroht" (ebd.) ist, muss das Kind vermeintliche ungünstige Umstände durch elterliche Handlungsweisen oder Lebenssituationen erdulden (vgl. ebd.). Eine Erheblichkeit besteht, wenn das Kind „an Leib und Leben bedroht ist" (ebd.). Schmid und Meysen (ebd.) stellen dem gegenüber, dass eine Erheblichkeit z.B. durch Scheidung der Eltern, nicht hervorgerufen wird, obgleich hierbei übergangsweise Befindlichkeitsstörungen aufkommen und die Folgen der Trennung womöglich ein Leben lang als bedrückende

Erfahrung verspürt werden. Lässt sich die Erheblichkeit einer drohenden oder längst eingetretenen Beeinträchtigung des Kindes nicht direkt beurteilen, können bestimmte Kriterien für die Beurteilung hinzugezogen werden (vgl. ebd.). Hierfür nennen Schmid und Meysen (ebd.) Orientierungsmerkmale wie z.B. die Dauer einer Schädigung, das Ausprägungsausmaß im Hinblick auf unterschiedliche Lebens- und Entwicklungsbereiche des Kindes oder auch die gesellschaftliche Bedeutsamkeit der verletzten Rechte des Kindes.

3.1.3 Sicherheit der Vorhersage

Die Sicherheit der Vorhersage ist ein zukunftsorientiertes Kriterium (vgl. ebd.). Es entfällt, wenn eine Beeinträchtigung des Kindes bereits stattgefunden hat und die Erwartung naheliegt, dass eine Gefährdungssituation fortbestehen wird (vgl. ebd.). Um die durch die Gefährdung des Kindeswohls, verursachten Schäden für die weitere Entwicklung des Kindes abschätzen zu können, müssen Prognosen gemäß der Forderung der Rechtsprechung *„mit ziemlicher Sicherheit"* (BGH FamRZ 1956:350 in Schmid/Meysen 2006: 2-6, Hervorh. im Orig.) verstellt werden (vgl. ebd.). Beachtet werden muss, dass bei einigen Formen der Kindeswohlgefährdung, wie sexueller Missbrauch oder andauernde Vernachlässigung Entwicklungsschädigungen des Kindes verzögert, erst mit größerer zeitlicher Verzögerung auftreten bzw. sich beobachten lassen können (vgl. Schmid/Meysen 2006: 2-6).

3.2 Erscheinungsformen von Kindeswohlgewährdung

Nach Deegener (2005: 37) wird weitgehend zwischen vier Formen der Kindeswohlgefährdung unterschieden: Vernachlässigung, psychische und physische Misshandlung sowie sexueller Missbrauch.

3.2.1 Vernachlässigung

Garbarino und Gilliam (1980 zit n. Kindler 2006a: 3-1) unterteilen die Kindeswohlgefährdung in Gefahren, denen das Kind durch Handlungen von Betreuungspersonen ausgesetzt wird, und Gefahren, denen es durch das Unterlassen von Handlungen durch dieselben ausgesetzt wird. Demnach beinhaltet der Begriff Vernachlässigung alle Formen von Unterlassungen, die Schaden in der Entwicklung des Kindes zur Folge haben (vgl. Deegener 2005: 37). Deegener (ebd.) nennt hierzu wesentliche Unterlassungen wie z.B. „unzureichende[r] Pflege und Kleidung, mangelnd[e] Ernährung und gesundheitliche Fürsorge, zu geringe Beaufsichtigung und Zuwendung, nachlässige[r] Schutz vor Gefahren sowie nicht hinreichende[r] Anregung und Förderung". Nach der Definition von Schone et al. (1997: 21) ist Vernachlässigung als „andauernde oder wiederholte Unterlassung fürsorglichen Handelns sorgeverantwortlicher Personen (Eltern oder andere von ihnen autorisierte Betreuungspersonen), welches zur Sicherstellung der physischen und psychischen Versorgung des Kindes notwendig wäre" zu verstehen. Obgleich extreme Formen der Vernachlässigung das Kind in den ersten Lebensjahren schnell in eine lebensbedrohliche Lage versetzen können, verlaufen Vernachlässigungen im Vergleich zu körperlichen Kindesmisshandlungen im Verhältnis langsamer, wobei sich die Schädigung des kindlichen Entwicklungsprozesses zunehmend steigert (vgl. Kindler 2006a: 3-1f.). Kindler (ebd., 3-2) merkt an, dass aus diesem Grund diverse Autoren darauf aufmerksam machen, dass ein Verstehen von Vernachlässigung und ihrer Ausmaße nur erfolgen kann, wenn ein umfassendes Wissen über „altersabhängige Bedürfnisse bzw. Entwicklungsaufgaben von Kindern" vorliegt. Des Weiteren sind Kenntnisse in Hinsicht auf bedeutsame Hinweise von Verzögerungen in der kindlichen Entwicklung und über die Art und Weise, wie Eltern ihre Fürsorge umsetzen, von großer Wichtigkeit (vgl. ebd.). Zur genaueren Erläuterung der Vernachlässigung werden diese in bestimmte Merkmale unterteilt: „wie etwa erzieherische, emotionale oder körperliche Vernachlässigung" (ebd.). Ein für alle in gleicher Weise geltendes Unterteilungsschema besteht nicht (vgl. ebd.). Generell fallen unter körperlicher Vernachlässigung beispielsweise mangelhafte Versorgung von Lebensmitteln und Getränken, ungepflegte Kleidung, mangelnde Körperpflege sowie unzureichende Sicherstellung einer ärztlichen Versorgung (vgl. ebd.). Die Unterform der erzieherischen Vernachlässigung umfasst das Fehlen von sprachlicher Interaktion, motivierenden Spielen und Eindrücken, von erzieherischer Einwirkung bei Schulversäumnissen oder Straffälligkeiten, sowie Nichtbeachtung eines deutlichen Erziehungs- oder Unterstützungsbedarfs (vgl. ebd.). Die dritte Unterform ist die emotionale Vernachlässigung, hierunter fallen z.B. fehlende menschliche Wärme im Verhältnis zum Kind, fehlende Wahrnehmung von Gefühlen des Kindes sowie mangelnde Beaufsichtigung im Sinne, dass das Kind zu lange ohne Betreuungsperson auf sich selbst gestellt ist oder auch das Ignorieren von nicht abgesprochenem, längerem Fernbleiben von zu Hause (vgl. ebd.). Nach einer Vollerhebung (Münder et al. 2000 in Kindler 2006a: 3-4) sowie einer Stichprobe (Schone et al. 1997 in Kindler 2006a: 3-4) ist der Anteil der Kinder, welche durch Vernachlässigung als gefährdet gelten können, am größten. Weiter heißt es, dass der Grund weshalb mit den Familien Kontakt aufgenommen wird, oftmals „körperliche Vernachlässigung oder unzureichende Beaufsichtigung eines Kindes" (ebd.: 3-2) ist und sich im weiteren Prozess der Fallbearbeitung weitere Unterteilungsmerkmale wie „emotionale[n], erzieherische[n] und kognitive[n] Vernachlässigungen" (ebd.: 3-2) stärker bemerkbar machen. Laut Kindler lassen Studien erkennen, dass Kinder, die Vernachlässigkeit erleben, entweder gleichzeitig oder zu einem späteren Zeitpunkt noch anderen Formen der Kindeswohlgefährdung ausgesetzt werden (ebd.: 3-3).

3.2.2 Psychische Misshandlung

Ein allgemein gebräuchlicher Definitionsansatz des Begriffs ‚psychische Misshandlung' ist beschrieben als „wiederholte Verhaltensmuster der Betreuungspersonen oder Muster extremer Vorfälle, die Kindern zu verstehen geben, sie seien wertlos, voller Fehler, ungeliebt, ungewollt, sehr in Gefahr oder nur dazu nütze, die Bedürfnisse eines anderen Menschen zu erfüllen" (vgl. APSAC 1995 in: Kindler 2006b: 4-1). Nach Frank und Räder (1994 zit n. ebd.: 4-1) wird von einer Definition eines Oberbegriffs abgesehen und psychische Misshandlung in zwei Formen ausgedrückt. Hierbei wird unterschieden, ob die Schadenseinwirkung elterlicherseits aktiv oder passiv vollzogen wird (Kindler 2006: 4-1). Die aktive Form umfasst negative Umgangsformen, die als Misshandlung gelten, wenn sie regelmäßig im Erziehungsgeschehen auftreten (vgl. ebd). Darunter fallen „feindliche, abweisende oder ignorierende Verhaltensweisen von Eltern oder Erziehern gegenüber dem Kind" (ebd.). Die zweite, passive Form beinhaltet die Unterlassung und umfasst jegliche Art von Vorenthaltungen, die für eine stabile emotionale Entwicklung des Kindes wichtig sind (ebd.: 4-1). Garbarino et al (1986 zit.n. ebd.) nennen zu den zwei Grundformen fünf Unterformen, die entweder alleine oder in Kombination in Erscheinung treten können:

- „feindselige Ablehnung (z.B. ständiges Herabsetzen, Beschämen, Kritisieren oder Demütigen eines Kindes);
- Ausnutzen und Korrumpieren (z.B. Kind wird zu einem selbstzerstörerischen oder strafbaren Verhalten angehalten oder gezwungen bzw. ein solches Verhalten des Kindes wird widerstandslos zugelassen);
- Terrorisieren (z.B. Kind wird durch ständige Drohung in einem Zustand der Angst gehalten);
- Isolieren (z.B. Kind wird in ausgeprägter Form von altersentsprechenden sozialen Kontakten fern gehalten);
- Verweigerung emotionaler Responsivität (z.B. Signale des Kindes und seine Bedürfnisse nach emotionaler Zuwendung werden anhaltend und in ausgeprägter Form übersehen und nicht beantwortet)".

Des Weiteren treten psychische Misshandlungen in speziellen Fallgruppen auf, dazu gehören Kinder, die schwere Ausprägungen von Gewalt zwischen den eigenen Eltern miterleben müssen sowie auch Kinder, in deren häuslichen Umfeld eine Parentifizierung der Eltern – Kind Beziehung stattgefunden hat, oder das Kind einem Elternteil aufgrund von Trennung vorsätzlich versagt (vgl. ebd.: 4-2). Angesichts der weiten Definition ist es in der praktischen Ausübung schwierig, psychische Vernachlässigung als alleinstehende Form der Gefährdung zu erfassen (vgl. Schorn 2011: 10). Im Gegensatz zu den auffälligen Folgen physische Misshandlung liegt die Herausforderung bei der psychischen Variante darin, eine solche wahrzunehmen und sie nachzuweisen (vgl. ebd.) Darüber hinaus werden Folgen einer psychischen Misshandlung oftmals erst nach Jahren deutlich (Bathke/Bücken 2019: 11).

3.2.3 Physische Misshandlung

Körperlicher Schaden, der durch Handlungen oder Unterlassungen von Eltern oder Betreuungspersonen hinzugefügt wird und mit Schmerzen, Ekelempfindung oder Entzug der Freiheit einhergeht, lässt sich laut Krieger et al. (2012: 14) als physische Misshandlung bezeichnen. Diese Form der Misshandlung rührt die körperliche Unversehrtheit des Kindes durch vorsätzliche Schädigung oder mittels außer Kontrolle geratenen Kurzschlusshandlungen (ebd.). Diese Darlegung gleicht einer der ersten und maßgeblichen Definition des amerikanischen Kinderarztes Henry Kemp (vgl. Kindler 2006c: 5-1). Nachfolgend führen Amelang und Krüger (1995: 15 zit. n. Kindler 2006c: 5-3) eine neuere Begriffsdefinition aus: „[J]ede gewalttätige Handlung, die unangemessen ist, zu physischen Verletzungen führt und der Entwicklung des Kindes schaden kann", wird als physische Misshandlung verstanden. Kindler (2006c: 5-2, Hervorh. im Orig.) formuliert dazu eine Begriffserläuterung im Hinblick auf eine mögliche Kindeswohlgefährdung; demnach sollen unter physischen Kindesmisshandlungen

> „alle Handlungen von Eltern oder anderen Bezugspersonen verstanden werden, die durch Anwendungen von körperlichem Zwang bzw. Gewalt für einen einsichtigen Dritten vorhersehbar zu erheblichen physischen oder psychischen Beeinträchtigungen des Kindes und seiner Entwicklung führen oder vorhersehbar ein hohes Risiko solcher Fehler bergen".

Zu diesen übergriffigen Handlungen gehören zum Beispiel Schlagen mit Gegenständen wie Stöckern, Gürteln oder mit der Hand, Durchschütteln eines Kleinkindes, von einer Treppe stoßen sowie Verletzungen durch Feuer oder Hitze uvm. (vgl. Deegener 2005: 37). Eine seltene Variante der Übergriffe ist das Münch-hausen-by-proxy-Syndrom, hierbei werden durch Eltern oder Betreuungspersonen dem Kind Krankheitsanzeichen vorgetäuscht oder künstlich hervorgerufen, wie z.B. durch Gabe von Arzneimittel, vorsätzliche „Verletzungen und Verätzungen (...) Verfälschung von Laborbefunden (...) zur Vortäuschung von Symptomen wie u.a. Durchfall, Erbrechen, Hautausschlägen (...) und Gedeihstörungen" (ebd.). Im Bezug auf die praktische Arbeit der Fachkräfte, physische Misshandlung richtig einschätzen zu können, ist es nach Giovanni und Becerra (1979, zit.n. Kindler 2006c: 5-1) wichtig, zwischen einer primären Definition des Begriffs einerseits und der individuellen Nutzung dieser Definition andererseits zu unterscheiden. Ihrer Auffassung nach ist für die Arbeit der Fachkräfte von grundlegender Bedeutung, dass die Definition nicht starr festgelegt, sondern „ein gewisses Maß an Unbestimmtheit aufweisen [muss], um den beteiligen Fachkräften Raum für einzelfallbezogene Anpassungen ihrer Einschätzungen zu eröffnen" (Kindler 2006c: 5-2). Einer anderen Auffassung ist Wolff (2001 in Kindler 2006c: 5-2), der eine Definition des Begriffs ‚physische Misshandlung' nicht für nützlich hält. Nach ihm „müsse jeweils mit den Betroffenen ein konsensuales Verständnis erarbeitet werden" (ebd.). Kindler (ebd.) schließt sich der Meinung an, dass unterstützende Maßnahmen in der einvernehmlichen Zusammenarbeit mit den Eltern unabdingbar sind, um einen positiven Wandlungsverlauf zu erwirken. Allerdings gibt Kindler (ebd.) zu bedenken, dass vorerst eine Beurteilung des Einzelfalls seitens der Fachkräfte erforderlich ist, da hierin die Voraussetzung für das Tätigwerden zu sehen ist sowie gemeinsame Verständigungsprozesse der Fachkraft mit den Eltern begründet werden. Dies ist nur möglich, wenn der Begriff grundlegend definiert ist (vgl. ebd.). Je heikler sich der Hilfeprozess entwickelt, desto wichtiger ist eine Definition des physischen Kindesmissbrauchs (vgl. ebd.).

3.2.4 Sexueller Missbrauch

Diese Form der Kindeswohlgefährdung beinhaltet nach Deegener (2005: 38)

> „jede sexuelle Handlung, die an oder vor einem Kind entweder gegen den Willen des Kindes vorgenommen wird oder der das Kind auf Grund seiner körperlichen, emotionalen, geistigen oder sprachlichen Unterlegenheit nicht wissentlich zustimmen kann bzw. bei der es deswegen auch nicht in der Lage ist, sich hinreichend wehren und verweigern zu können".

Damit eigenes Verlangen nach „sexuelle[r], emotionale[r] und soziale[r] Befriedigung durchgesetzt werden kann, bedienen sich die MissbraucherInnen an ihrer Macht- und Autoritätsposition sowie [der] Liebe und Abhängigkeit der Kinder" (ebd.) und verleiten das Kind dazu, diese Handlungen nicht nach außen zu tragen, also demgemäß darüber zu schweigen (vgl. ebd.). In der Jugendhilfe besteht keine generell gültige Definition von sexuellem Missbrauch (Unterstaller 2006: 6-2). Näher differenzieren lässt sich sexueller Missbrauch von „engen und weite Definitionen" (ebd.). Unter engen Definitionen sind sexuelle Handlungen zu verstehen, bei denen direkter körperlicher Kontakt zwischen MissbraucherInnen und Kind zugrunde liegt, z.B. vaginale, anale oder orale sexuellen Handlungen (vgl. Amann/Wipplinger 1997: 21 und Unterstaller 2006: 6-2). Bagley (1995 zit.n. Amann/Wipplinger 1997: 21) definiert den engen Begriff folgendermaßen:

> „Sexueller Kindesmißbrauch, ..., ist zumindest ein körperlicher Kontakt mit dem unbekleideten Genital- oder Brustbereich des Kindes (eingeschlossen ist ein Kontakt unter der Kleidung), der vom Kind oder dem Jugendlichen nicht gewollt ist. Ein Kind oder Jugendlicher wird definiert als jemand, der den 17. Geburtstag noch nicht erreicht hat".

Hingegen beziehen weite Definitionen sexuelle Handlungen ohne körperlichen Kontakt mit ein (vgl. Amann/Wipplinger 1997: 21). Hierbei werden jegliche Taten, die möglicherweise schädlich für das Kind sein können, erfasst (vgl. ebd.).

4 Schutzauftrag der Kinder- und Jugendhilfe nach § 8A SGB VIII bei Kindeswohlgefährdung

Der Schutzauftrag bei Kindeswohlgefährdung obliegt allen Einrichtungen und Diensten, die Leistungen nach dem SGB VIII ausführen (vgl. Bathke 2008: 40). Seit dem in Kraft treten des Kinde- und Jugendhilferechts (KJHG) im Jahr 1990 sind die wesentlichen Aufgaben der Kinder- und Jugendhilfe in §1 Abs. 3 SGB VIII aufgeführt (vgl. Oberloskamp 2008: 46):

> (1) Jeder junge Mensch hat ein Recht auf Förderung seiner Entwicklung und auf Erziehung zu einer eigenverantwortlichen und gemeinschaftsfähigen Persönlichkeit schaffen (§ 1 Abs. 1 SGB VIII).

> (3) Jugendhilfe soll zur Verwirklichung des Rechts nach Absatz 1 insbesondere

> 1. junge Menschen in ihrer individuellen und sozialen Entwicklung fördern und dazu beitragen, Benachteiligungen zu vermeiden oder abzubauen,

> 2. Eltern und andere Erziehungsberechtigte bei der Erziehung beraten und unterstützen,

> 3. Kinder und Jugendliche vor Gefahren für ihr Wohl schützen,

> 4. dazu beitragen, positive Lebensbedingungen für junge Menschen und ihre Familien sowie eine kinder- und familienfreundliche Umwelt zu erhalten oder zu schaffen (§ 1 Abs. 3 SGB VIII).

Zudem beinhaltet §2 SGB VIII einen detaillierten Aufgabenkatalog der Kinder- und Jugendhilfe (vgl. von Koppenfels-Spies 2018: 354) Unterschieden wird zwischen den ‚Leistungen' der Kinder- und Jugendhilfe in §2 Abs. 2 SGB und deren ‚andere Aufgaben' in §2 Abs. 3 SGB (vgl. ebd.).

Das Gesetz zur Weiterentwicklung der Kinder- und Jugendhilfe (Kinder- und Jugendhilfeentwicklungsgesetz = KICK) trat am 01.10.2005 in Kraft (vgl. Jordan 2008: 7). Hierbei gab es gesetzliche Umänderungen des SGB VIII, die im Speziellen „den ´Schutzauftrag´ der Kinder- und Jugendhilfe bei Gefährdung des Kindeswohls betreffen" (Jordan 2008: 7).

Jordan (ebd.) fasst die konkreten Gesetzesänderungen für einen erfolgreichen Schutz zum Wohle des Kindes wie folgt zusammen:

- „die Konkretisierung des Schutzauftrags des Jugendamtes und der Träger von Einrichtungen und Diensten (§ 8a SGB VIII),
- die Neuordnung der vorläufigen Maßnahmen bei Krisenintervention (§ 42 SGB VIII),
- eine stärkere Berücksichtigung des Kindeswohls beim Sozialdatenschutz (§§ 61 ff. SGB VIII) und
- der verschärften Prüfung von Personen mit bestimmten Vorstrafen (§ 72a SGB VIII)".

Durch die gesetzliche Abänderung „werden das staatliche Wächteramt der Kinder- und Jugendhilfe sowie die Verantwortung der öffentlichen und freien Jugendhilfeträger besonders betont und gestärkt" (Bathke 2008: 41). Oberloskamp (2008: 48) hebt hervor, dass es sich bei dem sog. KICK um eine Präzisierung eines bereits bestehenden Schutzauftrags handelt und durch §8a SGB VIII keine neuen Aufgaben an die Kinder- und Jugendhilfe erteilt wurden (vgl. ebd.). Vielmehr sollen die neuen Vorschriften nach §8a SBG VIII Grundbedingungen pädagogischen Handels vorgeben, die auf „eine neue Qualität in der Praxis ab[zielen]" (ebd.: 39). Nach Wiesner (2008: 15) sind in §8a SGB VIII Verfahrensschritte festgelegt, durch die Auskünfte über Anzeichen für eine Gefährdung des Kindes sowie über die Kooperation der beteiligten Eltern, Kinder und Institutionen zur Risikoeinschätzung erlangt werden. Durch diese Informationen lässt sich im Einzelfall entscheiden, ob das Kindeswohl durch Leistungen oder im Besonderen durch das Einräumen von Hilfe zur Erziehung, durch das Anrufen des Familiengerichts oder durch die Inobhutnahme sichergestellt werden kann (vgl. ebd.). Nach Gissel-Palkovich (2011a: 104) sind in der gesetzliche Konkretisierung Mindestverfahrensstandards enthalten, an denen sich sowohl die Jugendämter als auch ihre Akteure orientieren sollen. Inhaltlich werden interne Organisationsverfahren und allgemeingültige Verfahren in Bezug auf Kooperationen aufgeführt (vgl. ebd.).

5 Die Akteure und Handlungsmuster des Allgemeinen Sozialen Dienstes (ASD)

Die Gewährleistung des Kindeswohls ist ein Auftrag, der die gesamte Gesellschaft in die Verantwortung miteinbezieht und je nach gesellschaftlichen Teilsystem bestimmte Ansprüche stellt (vgl. Gissel-Palkovich 2011a: 103). Eine grundlegende Aufgabe ist der öffentlichen Jugendhilfe übertragen, da die Träger der Kinder -und Jugendhilfe, hervorgehend aus dem staatlichen Wächteramt, verpflichtet sind, Kinder zu schützen (vgl. ebd.). Zwar ist das Jugendamt einer Kommune in seiner „Wahrnehmung des staatlichen Wächteramtes" (Schone 2008: 32) für Unterstützungsangebote an Kinder und deren Eltern sowie für die Organisation von zusätzlichen Hilfen zur Erziehung zuständig, jedoch wird dem Soziale Dienst eines Jugendamtes die Umsetzung dieser Aufgaben zugewiesen (vgl. ebd.). Der Allgemeine Soziale Dienst (ASD) ist durch sein Aufgabenfeld ein Kontaktpunkt zwischen dem Jugendamt einerseits und den BürgernInnen andererseits (vgl. ebd.). Aufgabe des ASD ist, Familien, die in ihren Lebenslagen Defizite aufweisen und Hilfe benötigen, ausfindig zu machen sowie Hilfs- und Unterstützungsangebote zur Verfügung zu stellen (vgl. ebd.). Heidelbach (2005: 432) führt die einzelnen Aufgabengebiete des ASD wie folgt auf:

- „die Einleitung und Begleitung von Hilfen zur Erziehung, damit die Eltern das Wohl ihrer Kinder sichern können,
- eine Inobhutnahme/Herausnahme von Kindern und Jugendlichen zu ihrem Schutz,
- die Anrufung des Familiengerichtes, um einen Eingriff ins Elternrecht zu erwirken,

- Hilfe gegen den Willen des Kindes einleiten und begleiten,
- die Erarbeitung der Zustimmung zu einer Hilfe für die Kinder und für die Eltern".

5.1 AdressatInnen

Die AdessatInnen des ASD sind hauptsächlich Eltern und ihre Kinder, die durch die verschiedensten Gründe auf das Unterstützen und Helfen angewiesen sind (vgl. Schone 2008: 33). Zu den Ausgangslangen zählen Faktoren wie z.B. Armut, ein bildungsschwaches Elternhaus sowie Erkrankungen oder eine Sucht der Eltern (vgl. ebd.). Durch diese individuellen Lebenslagen ist es den Eltern oftmals nicht möglich, ihre Situation selbst zu regulieren (vgl. ebd.). Umso notwendiger sind hierbei „Unterstützungs- Hilfs- und Kompensationsangebote durch die öffentliche Jugendhilfe [erforderlich], um den Kindern Chancen auf gesellschaftliche Teilhabe zu erhalten oder zu erschließen" (ebd.).

5.2 Professionelle Kompetenzen und Arbeitsprinzipien von Fachkräften

Professionalität drückt aus, dass sich Fachkräfte in sozialen Diensten unentwegt in neue Sachlagen bei der Einzellfallbearbeitung einarbeiten können sowie auch hinsichtlich „der Professionsreferenz seines Wissenangebotes angemessen agier[en] und reagier[en]" (Dewe 2009: 54). Professionalität wird daher einerseits von Wahrheitsdifferenz und andererseits von einem Angemessenheitskriterium bestimmt (vgl. ebd.). Dewe (2009: 55) erwähnt, dass eine alternative Ausdrucksform für den Begriff Professionalisierung als eine „gekonnte Beruflichkeit beziehungsweise gewusste Handlungsform" formuliert werden kann. In Anlehnung an von Spiegel (2008: 82) besteht die professionelle Handlungskompetenz aus folgenden Elementen: „‚Wissen', ‚Können' und ‚(berufliche[r]) Haltung'" (Gissel-Palkovich 2011a: 192). Daraus folgt, dass Fachkräfte des ASD ein Inventar an Wissen über die Theorie und Methodik von Konzepten als Grundlage ihres Handelns besitzen müssen (vgl. ebd.). Des Weiteren brauchen sie „die Fähigkeit, diese Wissensbestände kontextbezogen, d.h. einzelfall- , problem-, situations- und zielbezogen in ihr Handeln *integrieren zu können*, und eine hohe *Reflexivität*" (ebd., Hervorh. im Orig.) hinsichtlich der eigenen Handlungsweise und der berufsbezogenen Grundeinstellung. Gissel-Palkovich (ebd.: 193) verdeutlicht, dass die Fachkenntnis und das Verstehen von „theoretischen Erklärungen und Handlungsmodellen" eine wesentliche Bedingung für die professionelle Tätigkeit im ASD ist. Sie sind zu verstehen als Arbeitsgrundlage, mit welcher die Fachkraft die anfallenden Vorfälle, Probleme und Fragen ihrer praktischen Berufsausübung

- erfassen und ausdeuten kann (z.B. ob Andeutungen innerhalb der Familie auf Gewalt hinweisen),
- erklären und auf bestimmte Weise beurteilen kann (z.B. Auseinandersetzung und Deutung der Hintergründe und Folgen von Gewalt auf Beteiligte),
- wertebezogen überdenken kann (z.B. im Hinblick auf gesellschaftliche Beurteilungen von Gewalt im häuslichen Umfeld) sowie
- den Verhältnissen entsprechende Eingriffsform ausarbeiten kann (z.B. Beratungsansatz oder Präventionsangebote), (vgl. ebd.: 193).

Von professionellem Handeln kann jedoch nur gesprochen werden, wenn sowohl die Kenntnis als auch das Verständnis der Arbeitsgrundlagen situationsbedingt in das Handeln mit einbezogen und reflektiert wird (vgl. ebd.).

Innerhalb des ASD haben sich im Laufe der Zeit besondere interne Arbeitsprinzipien entwickelt, dazu gehört die ASD Arbeit in Bürgernähe, die Bezirkssozialarbeit sowie auch ein universelles gestaltetes Grundkonzept und eine spezifische Teamstruktur und Arbeit (vgl. ebd.: 98). Das Arbeitsprinzip der Regionalisierung gewährleistet die Hilfe vor Ort (vgl. ebd.: 99). Auf der einen Seite gliedert sich die Arbeit des ASD in die Struktur der Region ein, auf der anderen Seite bildet und gestaltet sie die dortige Lebensumgebung (vgl. ebd.). Hierdurch wird erreicht, dass AdressatInnen in ihrer vertrauten Lebensumgebung mit ihren „sozialen, ökonomischen und politischen Lebensbedingungen wahrgenommen" (ebd.: 242) werden und diese Zusammenhänge in die Arbeit sowie Angebotsstruktur des ASD miteinfließen (vgl. ebd.: 242). Das Arbeitsprinzip der Bezirkssozialarbeit beruht auf „der Zuständigkeit der SozialarbeiterInnen für einen bestimmten Wohnbezirk" (ebd.: 98). Die SozialarbeiterInnen sind in und für einen Bezirk tätig, die Leistungen führen sie nahezu eigenverantwortlich aus (vgl. ebd. 100). BezirkssozialarbeiterInnen sind mit ihrer örtlichen Umgebung vertraut, sie gelten als Kontaktperson und leisten in unmittelbarer Nähe der Bürger individuelle, für die Person angemessene Hilfe (vgl. ebd.). Darüber hinaus sind die SozialarbeiterInnen für die gutgesinnte Aufsicht zuständig (vgl. ebd.). Nach Gissel-Palkovich (ebd.) besteht das Arbeitsprinzip der Bezirkssozialarbeit einerseits aus der „personenbezogenen Einzelhilfe" und andererseits aus „stadtteilorientierte[n] / sozialräumliche[n] Arbeitsansätze[n]". Durch die verfügbaren Sozialraumkenntnisse sind

SozialarbeiterInnen für Menschen aus dem Bezirk unterstützend tätig (vgl. ebd.). Ihnen sind umliegende Einrichtungen aus dem sozialen Dienstleistungsfeld bekannt, auch sind SozialarbeiterInnen im Sozialraum vernetzt und bringen sich im Idealfall in die Ausgestaltung sowie Stadtteilprojekte mit ein (vgl. ebd.). In Bezug auf das Arbeitsprinzip der Teamstruktur und Teamarbeit wird unter Team, die Zusammenführung mehrerer ASD Fachkräfte verstanden, die langfristig einer Arbeitsgemeinschaft angehören (vgl. ebd.: 101). Kennzeichnung eines Teams ist die Zuständigkeit für den gleichen Wohnbezirk (vgl. ebd.). Im Team finden zusätzlich Fallbesprechungen und gegenseitige Unterstützung bei Schwierigkeiten statt sowie Krankheitsvertretung und Entwicklung und Durchführung von Projekten mit Bezug auf den Wohnbezirk (vgl. ebd.). Gissel-Palkovich (vgl. ebd.) merkt an, dass es nach der Verwaltungsmodernisierung der 1990er Jahre in einzelnen Städten Teamstrukturen und Arbeitsweisen bestehen, die über einen interdisziplinären Charakter verfügen (vgl. ebd.). Hierbei agieren „SozialarbeiterInnen und Fachkräfte aus verschiedenen Fachrichtungen und unterschiedlichen Ressorts, wie Jugendamt, Sozialamt oder Gesundheitsamt bis hin zu Stadtentwicklung in Teams" (ebd.) zusammen. In diesem Zusammenhang gibt Gissel-Palkovich (vgl. ebd.) zu bedenken, dass eine derartige Teamarbeit, fallübergreifende Vereinbarungen für die Kooperation und Verantwortlichkeit beansprucht (vgl. ebd.). Eine weitere Form ist die institutionalisierte Zusammenarbeit die als Sozialraumteam bezeichnet wird (vgl. ebd). Der ASD arbeitet trägerübergreifend mit „leistungserbringenden Institutionen" (ebd.) zusammen, um durch die Kooperation alle zur Verfügung stehenden Ressourcen eines Sozialraums, z.B. im Hinblick auf erzieherische Hilfe, berücksichtigen zu können. Nach dem Arbeitsprinzip der Generalisierung „sind die Fachkräfte des ASD

‚Spezialist/-innen fürs Allgemeine'" (vgl. ebd.: 102), das bedeutet, dass sie im Besitz eines breiten Wissensspektrum sein sowie über mannigfaltige Methodenkompetenz verfügen müssen (vgl. ebd). Werden sie mit speziellen Sachlagen konfrontiert, in denen detailliertes Fachwissen gefordert ist, so haben SozialarbeiterInnen auf „spezialisierte Dienste, Einrichtungen und Fachkräfte" (ebd.) zurückzugreifen. Nach Gissel-Palkovich (ebd.) gestaltet sich das generalistische Grundkonzept des ASD in einer allumfassenden „ganzheitlichen" Unterstützung von AdressatInnen, die durch einen Leistungserbringer abgedeckt wird bzw. falls notwendig, „von einem generalistischen Ausgangspunkt spezialisierte Unterstützung" einleiten kann. Zu erwähnen ist darüber hinaus, dass eine Spezialisierung im ASD einerseits erfolgen kann, wenn SozialarbeiterInnen intern mit bestimmten Aufgaben aus dem Leistungsspektrum des ASD betraut werden, und andererseits durch Sonderdienste außerhalb des ASD (vgl. ebd.: 103 f.). Im letzten Fall werden spezielle Aufgaben von Besonderen Speziellen Diensten (BSD) übernommen (vgl. ebd.: 104). Hierbei handelt es sich unter anderem um „die Jugendgerichtshilfe, Erziehungs- und Familienberatung oder das Pflegekind- und Adoptionswesen" (ebd.: 104). Eine entsprechende Antwort darauf, wo die Grenzen zwischen den allgemeinen und den speziellen Aufgaben liegen, kann nicht gegeben werden, da es keine einheitliche Kategorisierung gibt und somit jede Kommune die Einteilung selbst ausarbeitet (vgl. ebd.).

5.3 Kooperationspartner

Gründe, weshalb der ASD tätig wird, sind im Allgemeinen „Erziehungsbedarfe und / oder psychosoziale Problemlagen" (Freie und Hansestadt Hamburg 2015: 3). Oftmals treten Probleme im Erziehungsgeschehen gleichzeitig mit „materiellen, sozialen oder psychischen Problemen" (ebd.) auf. Damit der ASD seinen beratenden und schützenden Auftrag umsetzen kann, arbeitet der ASD als allgemeiner sozialer Dienst des Jugendamtes mit weiteren Beratungsstellen sowie Einrichtungen und Institutionen zusammen (vgl. ebd.). In dieser Kooperation macht der ASD von den Fachkenntnissen und Angeboten anderer Leistungserbringer Gebrauch und lässt diese in seinen Handlungsplan mit einfließen (vgl. ebd.). Ohne den Mehrwert von spezialisierten Kooperationspartnern ist der komplexe Leistungsauftrag des ASD im Ganzen nicht umsetzbar (vgl. ebd.).

6 Umsetzung des Schutzauftrages in der Praxis durch den ASD

Fachkräfte des ASD unterliegen den konkreten Handlungsaufforderungen des Schutzauftrages gemäß §8a SGB VIII (vgl. Wiesner 2008: 15). Das Aufgabenfeld des ASD ist hochkomplex und erfordert von den Fachkräften einen umfassenden Sachverstand, der sich nach der Fachanweisung des ASD „u.a. in Methodenkenntnis und sicherer Handhabung derselben, Kooperationsbereitschaft innerhalb und außerhalb der eigenen Organisationen und über das eigene Arbeitsfeld hinaus, Sozialkompetenz, Bereitschaft zu permanenter fachlichen Fortbildung und vertieften Rechtskenntnissen ausdrückt" (Freie und Hansestadt Hamburg 2015: 4). Die Voraussetzungen sind in §72 Abs. 1 SGB VIII verankert:

> (1) Die Träger der öffentlichen Jugendhilfe sollen bei den Jugendämtern und Landesjugendämtern hauptberuflich nur Personen beschäftigen, die sich für die jeweilige Aufgabe nach ihrer Persönlichkeit eignen und eine dieser Aufgabe entsprechende Ausbildung erhalten haben (Fachkräfte) oder aufgrund besonderer Erfahrungen in der sozialen Arbeit in der Lage sind, die Aufgabe zu erfüllen.

Die Aufgaben der ASD-Fachkräfte haben sowohl einen beratenden als auch einen unterstützenden Charakter und richten sich nach den Bedürfnissen sowie Fähigkeiten und Kräften der Klienten (vgl. Freie und Hansestadt Hamburg 2015: 4). Der Leistungsauftrag fordert eine angemessene und pflichtbewusste Durchführung in der Bearbeitung diverser Anliegen wie auch eine professionelle und fachgerecht Leitung des Hilfeprozesses (vgl. ebd.). Bei all dem ist ein umfangreicher

Einsatz und eine positive Kooperationsbereitschaft mit den Familien an der Ausarbeitung und Umsetzung der notwendigen Hilfen die Voraussetzung für eine möglichst anhaltenden Erfolg, die somit als Hauptaufgabe des ASD zu betrachten sind (vgl. ebd.).

6.1 Verfahrensschritte des ASD bei Verdacht einer Kindeswohlgefährdung

Innerhalb des ASD haben Fachkräfte bei Verdacht auf eine Kindeswohlgefährdung bestimmte Verfahrensstandards einzuhalten (vgl. Gissel-Palkovich 2011a: 185). Der erste Verfahrensschritt beinhaltet die „Meldung bzw. Wahrnehmung einer Kindeswohlgefährdung" (Lillig 2006: 44-1). Hierbei wird auch die Dringlichkeit eingeschätzt (vgl. Kindler 2005: 385). Gewichtige Anhaltspunkte für eine Gefährdung des Kindes können dem ASD auf verschiedener Weise zugetragen werden (Lillig 2006: 44-1). Auf der einen Seite kann der ASD eine *„Selbstmeldung* von Eltern oder Minderjährigen" (ebd., Hervorh. im Orig.) erhalten, dabei kontaktieren sie den ASD von sich aus um in einer konfliktreichen oder kindeswohlgefährdenden Situation Hilfe in Anspruch nehmen zu können (vgl. ebd). Auf der anderen Seite können Hinweise anhand einer *„Fremdmeldung* durch Privatpersonen" (ebd., Hervorh. im Orig.) an den ASD erfolgen, darunter fallen z.B. nahe Bekannte, Personen aus der Nachbarschaft oder durch Schulen, Kindergärten oder die Polizei. Außerdem sind Wahrnehmungen „[i]m *Rahmen der eigenen Fallarbeit"* (ebd., Hervorh. im Orig.) möglich, beim Kontakt mit Klienten kann die Fachkraft ihre persönlichen Beobachtungen machen (vgl. Gissel-Palkovich 2011a: 185). Im nächsten Verfahrensschritt muss bei einer Erstmeldung Kontakt mit dem Kind, den Eltern oder auch mit Personen aus dem nahen Umfeld (auch Institutionen wie Schule, Ärzte usw.) aufgenommen werden (vgl. Lillig 2006: 44-1). Im Zuge des ersten Kontakts mit der betroffenen Familie muss eine Sicherheitseinschätzung durchgeführt werden, die Aufschluss darüber gibt, ob wenigstens bis zum folgenden Kontakt das Kind in der derzeitigen „Situation vor erheblichen Gefahren geschützt ist" (ebd.). Diese Einschätzung ist in §8a Abs. 1 Satz 2 SGB VII verankert:

> Soweit der wirksame Schutz dieses Kindes oder dieses Jugendlichen nicht in Frage gestellt wird, hat das Jugendamt die Erziehungsberechtigten sowie das Kind oder den Jugendlichen in die Gefährdungseinschätzung einzubeziehen und, sofern dies nach fachlicher Einschätzung erforderlich ist, sich dabei einen unmittelbaren Eindruck von dem Kind und von seiner persönlichen Umgebung zu verschaffen.

Bedeutsam für eine weitere Beurteilung des Falles ist die Informationsgewinnung (vgl. ebd.). Die Fachkraft sollte nach Möglichkeit alle greifbaren Informationsquellen aufnehmen, sie protokollieren und eine erste Beurteilung der Auskünfte durchführen (vgl. Gissel-Palkovich 2011a: 186). Nach der intensiven Ansammlung von Informationen findet die Risikoeinschätzung statt (vgl. Kindler 2005: 385) Daraufhin wird das weitere Vorgehen mit einer zweiten Fachkraft oder im Team sowie mit der Leitung besprochen (vgl. Gissel-Palkovich 2011a: 186). Sollte es nach fachlicher Beurteilung auch nur in Ansätzen eine Vermutung geben, kommt es noch am Tage der Krisenmeldung zu einem Hausbesuch (vgl. ebd.). Dieser findet mit einer zweiten Fachkraft statt (vgl.ebd.). Einerseits wird dadurch die Sicherheit der Fachkräfte gestärkt, andererseits kann die Begutachtung des Kindes durch zwei unterschiedliche Fachkräfte erfasst werden (vgl.

Pieper/Trede 2011: 380). Die Fachkräfte sprechen sich bezüglich der Aufgabenverteilung vor dem Hausbesuch ab. Hier ist wichtig, zu bestimmen, wer welche Aufgaben im Gespräch und im Beobachtungsgeschehen einnimmt (vgl.ebd.: 187). Der Hausbesuch zielt darauf ab, einen Einblick in die familiäre Situation, einen Eindruck vom Kind und von der Kooperationsbereitschaft der Eltern sowie in deren soziale Verhältnisse zu erhalten (vgl.ebd.). Zum Anfang des Hausbesuches klären die Fachkräfte die beteiligten Eltern über den Grund ihres Erscheinens sowie über die damit einhergehenden Ziele auf, die sich am Interesse des Kindes orientieren (vgl. ebd.). Nach einer Überprüfung der Gefährdungslage im häuslichen Umfeld erfolgt „eine Bewertung der Gefährdungssituation" (ebd.) durch die Fachkräfte. In diesem Verfahrensschritt findet eine Einschätzung einer möglichen Kindeswohlgefährdung statt (vgl. Lilling 2006: 44-2). Um die Gefährdungssituation sicher einschätzen zu können, werden diese „mit Hilfe eines Gefährdungsbogens" (Gissel-Palkovich 2011a: 187) erarbeitet. Die Gesamtbewertung erhält nach Lillig (2006: 44-2f.) Antworten auf „[k]inbezogene Fragen" (z.B., welche Beeinträchtigungen und Verhaltensauffälligkeiten am Kind bemerkbar sind) sowie auf „[e]ltern- und familienbezogene Fragen" (z.B., über die Fähigkeit von Erziehung seitens der Eltern) und über „[g]efährdungsbezogene Fragen" (z.B., ob Hinweise auf eine künftige Gefährdung des Kindes deuten lassen). Im Anschluss erfolgt eine Information der Eltern über das Beurteilungsergebnis (vgl. (Gissel-Palkovich 2011a: 187). Sollten diese Ergebnisse einen Handlungsbedarf aufzeigen, so werden weitere Schritte von den Fachkräften vorgenommen (vgl. ebd.). Der darauffolgende Verfahrensschritt ist die „Abwendung der Gefährdung" (Lillig 2006: 44-3). In diesem wird bei einer „akute[n] und unmittelbare[n] Kindeswohlgefährdung" (ebd.: 44-4) sowie fehlenden persönlichen Ressourcen oder mangelnder Kooperationsbereitschaft der Eltern das Kind aus dem familiären Umfeld herausgenommen und in Obhut gegeben (vgl.ebd.). Gissel-Palkovich (2011a: 187) merkt an, dass das Kind in der Bereitschaftspflege untergebracht wird. In dem Fall, dass Eltern einer Herausnahme und Unterbringung nicht zustimmen, wird das Familiengericht angerufen um über einen Antrag auf „(Teil-)Enzug der elterlichen Sorge, in der Regel beschränkt auf das Aufenthaltsbestimmungsrecht" (ebd.: 176) zu entscheiden. Das Kind bleibt bis zur abschließenden Klärung in Obhut (vgl. ebd.). Die Entscheidung über die erforderlichen Maßnahmen hat das Familiengericht im Hinblick auf das Kindeswohl gemäß §1666 BGB zu treffen (vgl. Lillig 2006: 44-4). Sie erfolgt im Hinblick auf den Grund der Antragsstellung sowie der Einschätzung der ASD Fachkraft (vgl. Gissel-Palkovich (2011a: 187). Handelt es sich nicht um eine akute Gefährdung und kann das Kind in seinem häuslichen Umfeld verbleiben, werden durch die Fachkräfte eindeutige Vereinbarungen mit den Eltern festgelegt (vgl. ebd.: 188). Hier setzt das Hilfeplanverfahren nach §36 SGB VIII ein (vgl. ebd). Am Schluss des Verfahrens werden in einem Hilfeplangespräch mit den beteiligten Eltern die Anforderungen und eine geeignete Hilfe zur Gefahrenabwendung besprochen und mit den Beteiligten ein Hilfeplan erstellt (vgl. ebd.: 161). Im letzten Verfahrensschritt findet die „Bewertung der Hilfs- und Veränderungsprozesse" (Lillig 2006: 44-4) statt. Die Fachkräfte überprüfen und bewerten zusammen mit den Eltern das Resultat der Zielvereinbarungen hinsichtlich der eingehaltenen Maßnahmen und Anforderungen (vgl. ebd.). Sind die Auswirkungen der Hilfe positiv und die Veränderungsprozesse der Familie stabil, kann die Hilfe beendet werden. Anderenfalls sind nach einer Bewertung der Sachlage Änderungen im Hilfeplan vorzunehmen oder die bestehenden Vereinbarungen weiter fortzusetzen (vgl. ebd.).

6.1.1 Gewichtige Anhaltspunkte

Grundlage für das Eingreifen in die elterliche Sorge gemäß §8a SGB VIII sind sogenannte ‚gewichtige Anhaltspunkte' für eine Kindeswohlgefährdung, die entweder dem Jugendamt, der Kinder- und Jugendhilfe oder Fachkräften aus anderen Einrichtungen und Institutionen bekannt werden (vgl. Jordan 2008: 28). Es handelt sich bei der Bezeichnung ‚gewichtige Anhaltspunkte' um einen unbestimmten Rechtsbegriff, der nur durch Erfahrung und Betrachtung von Einzelfällen oder durch die „Rechtsprechung gefüllt werden kann" (ebd.). Jordan (ebd.) räumt ein, dass sich die Jugendhilfe seit jeher in ihrer alltäglichen Praxis mit unbestimmten Kategorien auseinandersetzt. Hierdurch wurde „Erfahrungswissen über die Aspekte der ‚Gewichtigkeit', Bedeutung, etc. gewonnen" (ebd.), wodurch diesbezüglich Handlungswissen vorliegt. ‚Gewichtige Anhaltspunkte' können durch Mitteilungen, die entweder direkt oder indirekt erfolgen, in Erfahrung gebracht werden oder vielmehr durch das Zusammenfassen von Informationen unterschiedlicher Quellen (vgl. ebd.). Jordan (ebd.) fasst mögliche Kriterien für ‚gewichtige Anhaltspunkte' wie folgt zusammen:

- *„Äußere Erscheinung des Kindes* (z.B. massive Verletzungen ohne erklärbare Ursache, starke Unterernährung)
- *Verhalten des Kindes* (z.B. Übergriffe gegen andere Personen, apathisches, verängstigtes Handeln, Äußerungen des Kindes, Straftaten)

- *Verhalten der Eltern oder andere Erziehungspersonen* (z.B. unzureichende Ernährung, Gewalt gegenüber dem Kind, Unterlassung von Krankenbehandlungen, Isolierung des Kindes)
- *Familiäre Situation* (z.B. Obdachlosigkeit, Einsatz des Kindes zum Betteln)
- *Persönliche Situation* der Eltern oder sonstigen Erziehungsberechtigten (z.B. häufig unter Alkoholeinfluss, Drogen, verwirrtes Erscheinungsbild)
- *Wohnsituation* (z.B. ´vermüllte´ oder verdreckte Wohnung)" (ebd.: 29, Hervorh. im Orig.).

6.1.2 Gefährdungseinschätzung

Gefährdungen gehen ausnahmslos mit unterschiedlichen Problemen in der Einschätzung sowie mit Fehlerrisiken einher (vgl. Lillig 2006: 48-1). Es können mögliche Gefährdungen über- oder unterbewertet werden, Verhaltensweisen der Eltern falsch erfasst oder fehlerhaft gedeutet werden sowie Informationsquellen voreingenommen oder nicht objektiv genug sein (vgl. ebd.). Bedeutend ist dementsprechend bei einer ersten Gefährdungseinschätzung die Zuverlässigkeit und die Beweggründe der mitteilenden Person sowie auch die Qualität der gemeldeten Informationen zu kontrollieren (vgl. ebd.). Klärungsbedürftig ist, aus welcher Bezugsquelle die dargelegten Informationen stammen (vgl. ebd.). Möglich sind hierbei persönliche Beobachtungen, Informationen aus zweiter Hand oder Mutmaßungen der meldenden Person (vgl. ebd.). Grundsätzlich sollen keine zu schnellen oder unbedachten Schlussfolgerungen durch vergleichbare oder bereits bekannte Gefährdungseinschätzungen gezogen werden (vgl.

ebd.). Vielmehr sollen die speziellen Eigenschaften eines Einzelfalles individuell betrachtet und erörtert werden (vgl. ebd.). Um Risiken in der Einschätzung so gering wie möglich zu halten, haben sich die Fachkräfte bei der ersten Gefährdungseinschätzung in Bezug auf die Dringlichkeit sowie über die „Art und Weise des weiteren Vorgehen[s] mit KollegInnen und Vorgesetzen" (ebd.) zu beraten. Laut Lillig (ebd.) sind bei einer ersten Gefährdungseinschätzung folgende Punkte zu klären:

- „Alter des betroffenen Kindes;
- Art, Ausmaß und Dauer der bereits eingetretenen oder (unmittelbar) drohenden Gefährdung, Schädigung, Verletzung, Misshandlung, Unterversorgung;
- Geschwister des Kindes, die ebenfalls gefährdet sein könnten;
- Dringlichkeit des Handelns: Zeitraum, in dem Maßnahmen zum Schutz des Kindes ergriffen sein müssen: sofort, innerhalb 24 Stunden, innerhalb einer Woche oder mehr als einer Woche".

Lillig (ebd.: 48-1f.) zählt außerdem Faktoren auf, die eine hohe Dringlichkeit für den Schutz des Kindes begründen:

- Kleinkinder, da ihr Risiko sehr hoch ist, gravierende Schäden aufgrund von erheblicher Vernachlässigung oder Misshandlung davonzutragen oder den Tod erleiden;
- Kinder, die angesichts ihres Alters, aufgrund von Krankheit oder Beeinträchtigung leicht verletzlich ist;

- Schilderungen von kritischen Verletzungen oder Handlungen, durch die es schnell zu ernsten Schädigungen oder einer Gefährdung der Gesundheit kommen kann;
- Aus der Vergangenheit bereits bekannte Gefährdungen oder Schädigung durch die Eltern;
- Andeutungen, die darauf schließen lassen, dass das Kind durch elterliches Verhalten geschädigt oder gefährdet werden kann;
- Eltern, die das Kind zurücklassen oder mitsamt Kind fliehen;
- Keine möglichen Personen im nahen Umfeld, die das Kind aufnehmen oder schützten könnten.

Es besteht die Möglichkeit einer erheblichen Schädigung des Kindes, wenn mindestens eines der aufgeführten Kriterien zutrifft (vgl. ebd.). Nach Lillig (vgl. ebd.: 48-2) ist es umso wichtiger, alle relevanten Informationen für die erste Gefährdungseinschätzung in kürzester Zeit zu sammeln, um die Sachlage der Beteiligten deuten und analysieren zu können. An dieser Stelle hat der Gesetzgeber mit §8a Abs. 1 Satz 1 bestimmt, dass die Fachkraft bei der Einschätzung des Einzelfalles nicht auf sich allein gestellt ist:

> (1) Werden dem Jugendamt gewichtige Anhaltspunkte für die Gefährdung des Wohls eines Kindes oder Jugendlichen bekannt, so hat es das Gefährdungsrisiko im Zusammenwirken mehrerer Fachkräfte einzuschätzen (§8a Abs. 1 Satz 1).

Fachkräfte sind gemäß §8a SGB VIII nicht nur dazu befugt, sondern vom Gesetzgeber auch verpflichtet, die erhaltenen Informationen mit weiteren Fachkräften zu analysieren und gemeinsam einzuschätzen (vgl. Meysen 2012: 28). Die Fachkraft, die hinzugezogen wird, muss über Erfahrungswissen bei der „Einschätzung und Abwendung von Gefährdungssituationen verfügen" (Beneke 2008: 176). Eine insoweit erfahrene Fachkraft muss nach Beneke (vgl., ebd.) Fachwissen in einem der Erscheinungsformen von Kindeswohlgefährdung aufweisen. Ergänzend dazu ist anzumerken, dass die insoweit erfahrene Fachkraft auch tatsächlich in Bezug auf die Praxis kenntnisreich sein muss (vgl. Meysen 2012: 29). Berufseinsteiger sind dazu genau so wenig befugt wie Fachkräfte, die kürzlich in den Arbeitsbereich des Kinderschutzes gewechselt sind oder die seit längerem keine Fortbildung besucht haben (vgl. ebd.). Abschließend ist zu erwähnen, dass Fachkräfte, die beteiligten Eltern über das Ergebnis der Gefährdungseinschätzung in Kenntnis setzen müssen, sie nach Möglichkeit zur Kooperation und zur Annahme von Hilfe anregen sollen (vgl. Wiesner 2008:18)

7 Instrumente zur Risikoeinschätzung und ihre Grenzen bzw. Risiken

Es ist davon auszugehen, dass mittlerweile jeder ASD über festgelegte Verfahren und Instrumente zur Erlangung einer, nach Möglichkeit, korrekten Einschätzung der Gesamtsituation verfügt (vgl. Pieper/Trede 2011: 386). Hierbei wird das Ziel verfolgt, dass Fachkräfte unter dem zeitlichen Druck einer unmittelbaren Kindeswohlgefährdung mithilfe von Einschätzungsinstrumenten schnell aber bedacht und systematisch handeln können, ohne dabei im Einzelfall relevanten Bereiche oder Informationen auslassen (vgl. ebd.). In diesem Zusammenhang wird von der Vermeidung blinder Flecken gesprochen (vgl. Freie und Hansestadt Hamburg 2006: 29). Wie bereits erwähnt, lässt sich die Gefährdungseinschätzung einerseits durch die Mitwirkung von fachkenntnisbezogenen, insoweit erfahrenen Fachkräften, qualifizieren (vgl. Meysen 2012: 28). Ein gutes Ergebnis bei der Einschätzung von Kindeswohlgefährdung ist auch abhängig von „qualifizierte[n] Verfahren und Instrumente[n]" (Gissel-Palkovich 2011b: 123f.). Systematisierte Instrumente zur Risikoeinschätzung begünstigen bei einer Einschätzung von Kindeswohlgefährdung die Denk- und Handlungsprozesse, indem sie zentralisieren, gliedern und kategorisieren (vgl. ebd.: 124 und Gissel-Palkovich 2011a: 180). Außerdem kann die hieraus entstandene Erkenntnis zu „Transparenz, Plausibilität, Nachvollziehbarkeit und somit [zur] fachlichen und rechtlichen Überprüfbarkeit des Interpretationsprozesses" (Gissel-Palkovich 2011b: 124) beitragen. Nach Gissel-Palkovich (2011a: 180) tragen diese Instrumente dazu bei, dass Fachkräfte entlastet werden und mehr Sicherheit in ihrem Handeln erhalten. Auf der Basis von „beobachtbaren Sachverhalten (Indikatoren)" (Freie und Hansestadt

Hamburg 2006: 7) sollen verlässliche Erkenntnisse zur Lebenslage von Kindern beschafft werden. Allerdings gibt Gissel-Palkovich (2011a: 181) zu bedenken, dass die Ergebnisse im Zusammenhangs betrachtet und beurteilt werden müssen. Indikatoren sind „nur ‚beobachtbare Anzeiger' für Probleme" (Freie und Hansestadt Hamburg 2006: 33) Ein einziger Indikator deutet noch nicht auf eine mögliche Gefährdung des Kindes hin (vgl. Gissel-Palkovich 2011a: 180f.). Vielmehr wird die Kombination aus mehreren Indikatoren nach deren Bewertung in den Gesamtzusammenhang miteinbezogen (z.B. Kindesalter, Kooperationsbereitschaft der Eltern, familiäre Verhältnisse), aus dem sich Hinweise ableiten lassen (vgl. 181). Kindeswohlgefährdung ist eine prekäre und belastende Situation, die eine umfassende sachkundige Professionalität in ihrer Handlungsweise voraussetzt (Reich 2005: 511). Gissel-Palkovich (2011a: 181) merkt an, dass Fachkräfte hierbei ein großes Maß an Deutungs- und Definitionsleistung zu erbringen haben, um eine Antwort auf die Frage geben zu können, ob eine Kindeswohlgefährdung vorliegt. Durch systematisierte Verfahren und Instrumente besteht allerdings das Risiko, dass sozialpädagogische Deutungen und „Handlungen auf die Einhaltung vorab definierter Interpretationsschemata und Verfahrensweisen" (ebd.: 181f.) ausgelegt werden. Es besteht das Risiko, dass Indikatoren, wie z.B. die äußere Erscheinung des Kindes aufgrund von Gewaltanwendung, eine verdreckte Wohnsituation oder Alkoholkonsums der Eltern nicht aus mehr als nur einem Blickwinkel geprüft werden, sondern beschränkt und voreilig als ein Hinweis von Kindeswohlgefährdung gedeutet werden (vgl. ebd.: 182). Grenzen der Einschätzungsinstrumente entstehen an der Stelle, wo Fachkräfte durch zu komplizierte Einschätzungsbogen übermäßig beansprucht werden, so dass sie nur noch an die Bearbeitung der Bögen denken und dadurch eingeschränkt werden (Pieper/Trede 2011: 386). Ihnen ist es in dieser gestressten Lage nicht möglich eigenständig zu einer sicheren Gesamteinschätzung zu gelangen (vgl. ebd.).

8 Perspektiven der Verbesserung der Einschätzung von Kindeswohlgefährdung durch den ASD

Die vorliegende Bachelorarbeit geht der Frage nach, wie sich eine Kindeswohlgefährdung durch die Kinder- und Jugendhilfe (ASD) sicher einschätzen lässt. Durch die Definition der Begriffe ‚Kindeswohl', ‚Elternrecht' und ‚Staatliches Wächteramt' wurde eine Basis für die weitere Erläuterung des Begriffs ‚Kindeswohlgefährdung' geschaffen. Die Gefährdung des Kindeswohls ist in ihrer Eigenschaft als unbestimmter Rechtsbegriff ein Konstrukt, das durch objektive Beobachtungen und das Einschätzen der Lebenslagen von Betroffenen mit Hilfe von Tatbestandsmerkmalen erfasst wird und Vorhersagen in Bezug auf die weitere Entwicklung des Kindes ermöglicht. Für die Feststellung einer Kindeswohlgefährdung müssen bestimmte Voraussetzungen gleichzeitig auftreten, und zwar: eine gegenwärtig vorhandene Gefahr, die Erheblichkeit der Schädigung sowie die Sicherheit der Vorsorge. Im Rahmen des § 8 SGB VIII wurde der Schutzauftrag der Kinder- und Jugendhilfe präzisiert. Durch bestimmte Verfahrensschritte können Informationen und Hinweise auf eine Gefährdung des Kindes erlangt werden, die zur Einschätzung des Gefährdungsrisikos gebraucht werden. Neben den rechtlichen Vorgaben tragen die professionellen Kompetenzen sowie Arbeitsprinzipien der ASD-Fachkräfte zur Gefährdungseinschätzung bei. Innerhalb des ASD haben Fachkräfte nach bestimmten Standards zu agieren, nach denen bestimmte Verfahrensschritte einzuhalten sind. Diese reichen von der ersten Verdachtsmeldung über die Sammlung von Informationen, die Kontaktaufnahme zu den Beteiligten und den Einschätzungsprozess bis hin zu den letztendlich erforderlichen Maßnahmen. In Hinblick auf die Gefährdungseinschätzung können Fachkräften unterschiedlichste Fehler unterlaufen, z. B. lassen sich mögliche Gefährdungen über- oder unterbewerten oder Verhaltensweisen der Eltern falsch deuten. Um das Einschätzungsrisiko gering zu halten, soll im Einzelfall eine insoweit erfahrene Fachkraft hinzugezogen werden. Des Weiteren stehen dem ASD Instrumente für eine konkrete Einschätzung der Kindeswohlgefährdung zur Verfügung, mit deren Hilfe Denk- sowie Handlungsprozesse der Fachkräfte bei der Gefährdungsbeurteilung zentralisiert, gegliedert und kategorisiert werden sollen. Diese Instrumente haben Grenzen und Risiken; sie können unterstützend in den Einschätzungsprozess mit einbezogen werden, aber sie ersetzen nicht das Wissen und das professionelle Handeln einer Fachkraft. Nach Pieper und Trete (2011: 386) lässt sich abschließend zusammenfassen, dass es zwar erforderlich ist, Fachkräfte „mit ‚tools' zu unterstützen", aber letzten Endes das achtsame Verhalten, die professionelle Fähigkeit „und das Herz" der Fachkraft bedeutender sind.

Schlussendlich können in der vorliegenden Arbeit einige Perspektiven zur Verbesserung der Einschätzung der Kindeswohlgefährdung durch den ASD aufgezeigt werden:

1. Fachkräfte sollten Aussagen und Informationen des Kindes und dessen Eltern auf Plausibilität prüfen und kritisch beurteilen. Im Rahmen diese Arbeit wurde aufgezeigt, dass Fachkräfte theoretisches und methodisches Verständnis aufweisen müssen, um bestimmte Sachverhalte analysieren zu können. Während des Einschätzungsprozesses müssen sie ihre Informationen über die Beteiligten sehr genau beurteilen, da Aussagen von Kindern eventuell aus Angst oder Sorge um die Eltern nicht zur Gänze den Tatsachen

entsprechen. Gleiches gilt für Eltern, die versuchen, relevante Geschehnisse zu verschweigen, oder denen Gefährdungssituationen an sich nicht bewusst sind. Fachkräfte tragen wesentlich zu einer sicheren Beurteilung der Kindeswohlgefährdung bei, indem sie komplexe Sachlagen bzw. Familienverhältnisse und (widersprüchliche) Informationen richtig erfassen und schlüssig deuten. Mögliche Interpretationsfehler lassen sich dadurch von Fachkräften ausräumen.

2. Fachkräfte sollten mit einer sensiblen und durchdachten Herangehensweise an die Beteiligten herantreten, damit daraus keine neuen Gefährdungslagen entstehen. Dadurch, dass Fachkräfte mit den Eltern und dem Kind Kontakt aufnehmen, können in bestimmten Situationen neue Kindeswohlgefährdungen entstehen oder die bestehenden verschlimmert werden, da Eltern aus Wut dem Kind Schaden zufügen könnten. Nach Pieper und Trede (2011: 380) haben Fachkräfte im Einzelfall im Hinblick auf das Kindeswohl zu entscheiden, wie, wo und ob überhaupt eine Kontaktaufnahme stattfinden soll.

3. Fachkräfte haben eine Gesamtsituation professionell zu beurteilen, sodass das Risiko einer Fehleinschätzung so gering wie möglich gehalten wird. Die Ergebnisse der Arbeit zeigen auf, dass Fachkräfte theoretisches und methodisches Verständnis aufweisen müssen, um bestimmte Sachverhalte analysieren und ihr Handeln reflektieren zu können. Dabei ist nicht außer Acht zu lassen, dass jede Fachkraft ihre individuellen Erfahrungswerte in ihrer alltäglichen Praxis und persönliche, berufsunabhängige Fähigkeiten und Erlebnisse

miteinbringt. Fachkräfte haben ihre Fähigkeiten und Kompetenzen zielorientiert einzusetzen und sich bei der Einschätzung der Gefährdung nicht von gegebenenfalls vorhandenen persönlichen Erfahrungen, Vorkommnissen oder aufkommenden Empfindungen leiten zu lassen.

4. Indem Fachkräfte sich auf emotionaler Ebene von der Sachlage abgrenzen, handeln sie effektiver in der Einschätzung der Kindeswohlgefährdung. Heinitz und Slüter (2018: 50) zeigen auf, dass Fachkräfte oftmals über die komplexen Familienverhältnisse des Kindes Bescheid wissen, sich ihnen mit der Zeit verbunden fühlen und dadurch dazu tendieren, übereifrig handeln zu wollen. Ihnen gelingt eine sicherere Einschätzung, wenn sie zwischen AdressatInnen und der eigenen Person Grenzen setzen um eine emotionale Distanz wahren, durch die sie in die Lage versetzt werden, objektiv zu handeln.

Literaturverzeichnis

Amann, Gabriele & Wipplinger, Rudolf (Hrsg.), (1997): Sexueller Missbrauch. Überblick zu Forschung, Beratung und Therapie. Ein Handbuch. Tübingen: dgvt-Verlag.

Bathke, Sigrid (2008): Vereinbarungen als Basis für Kooperation zwischen öffentlichen und freien Trägern der Kinder- und Jugendhilfe. In: Jordan, Erwin (Hrsg.), Kindeswohlgefährdung. Rechtliche Neuregelungen und Konsequenzen für den Schutzauftrag der Kinder- und Jugendhilfe, 3. Aufl. Weinheim, München Juventa. S. 39-49.

Bathke, Sigrid & Bücken, Milena (2019): Erscheinungsformen von Kindeswohlgefährdung. In: Bathke, Sigird & Bücken, Milena & Fliegenbaum, Dirk (Hrsg.), Praxisbuch Kinderschutz interdisziplinär. Wie die Kooperation von Schule und Jugendhilfe gelingen können. Wiesbaden: Springer. S. 9-18.

Beneke, Doris (2008): Schutzauftrag bei Kindeswohlgefährdung. Fachliche Herausforderungen für freie Träger und deren Fachkräfte. In: Jordan, Erwin (Hrsg.), Kindeswohlgefährdung. Rechtliche Neuregelungen und Konsequenzen für den Schutzauftrag der Kinder- und Jugendhilfe, 3. Aufl. Weinheim, München: Juventa. S. 169-184.

Deutscher Bundestag (2007): Entwurf eines Gesetzes zur Erleichterung familiengerichtlicher Maßnahmen bei Gefährdung des Kindeswohls. Drucksache 16/6815, 24.10.2007. Abgerufen 10. Juli 2019, von https://dip21.bundestag.de/dip21/btd/16/068/1606815.pdf

Deegener, Günther (2005): Formen und Häufigkeiten der Kindesmisshandlung. In: Deegener, Günther & Körner Wilhelm (Hrsg.), Kindesmisshandlung und Vernachlässigung. Ein Handbuch. Göttingen: Hogrefe Verlag. S. 37-58.

Dewe, Bernd (2009): Reflexive Professionalität: Maßgabe für Wissenstransfer und Theorie-Praxis-Relationierung im Studium der Sozialarbeit. In: Riegler, Anna & Hojnik, Sylvia & Posch, Klaus (Hrsg.), Soziale Arbeit zwischen Profession und Wissenschaft. Vermittlungsmöglichkeiten in der Fachhochschulausbildung. Wiesbaden: GWV Fachverlage. S. 47-63.

Dörpinghaus, Andreas & Uphoff, Ina Katharina (2011): Grundbegriffe der Pädagogik. Darmstadt: WBG.

Freie und Hansestadt Hamburg (2006): Handlungsempfehlungen zum Umgang mit der „Garantenstellung" des Jugendamtes bei Kindeswohlgefährdung. 2. Aktualisierte Aufl. Hamburg: Eigenverlag. Abgerufen 10. August 2019, von http://e-pub.sub.uni-hamburg.de/epub/volltexte/2008/2078/pdf/data.pdf

Freie und Hansestadt Hamburg (2015): Fachanweisung Allgemeiner Sozialer Dienst (ASD) Hamburg. Abgerufen 12. August 2019, von https://www.hamburg.de/contentblob/4661510/e4a3d3e7f332d3c83f096515fc52b2f7/data/fachanweisung-asd-2016.pdf

Gissel-Palkovich, Ingrid (2011a): Lehrbuch Allgemeiner Sozialer Dienst - ASD. Rahmenbedingungen, Aufgaben und Professionalität. Weinheim, München: Juventa.

Gissel-Palkovich, Ingrid (2011b): Die Sicherung des Kindeswohls. Überlegungen zur konzeptionellen und strukturellen Voraussetzung für die Arbeit der öffentlichen Kinder- und Jugendhilfe. In: Goldberg, Brigitta & Schorn, Ariane (Hrsg.), Kindeswohlgefährdung: Wahrnehmen – Bewerten - Intervenieren. Beiträge aus Recht, Medizin, Sozialer Arbeit, Pädagogik und Psychologie. Opladen, Farmington Hills: Barbara Budrich. S. 103-141.

Grundgesetz für die Bundesrepublik Deutschland in der im Bundesgesetzblatt Teil III, Gliederungsnummer 100- 1, veröffentlichten bereinigten Fassung, das zuletzt durch Artikel 1 des Gesetzes vom 28. März 2019 (BGBl. I S. 404) geändert worden ist.

Heidelbach, Ute (2005): Der Allgemeine Soziale Dienst (ASD) im sozialpädagogischen Handlungsfeld von Kindesmisshandlung, sexuellem Missbrauch und Vernachlässigung. In: Deegener, Günther & Körner, Wilhelm (Hrsg.), Kindesmisshandlung und Vernachlässigung. Ein Handbuch. Göttingen: Hogrefe Verlag. S. 430-445.

Heinitz, Stefan & Slüter, Ralf (2018): Von der Notlösung zum Erfolgsmodell Erfindungen, Fallstricke und Perspektiven im Kinderschutz am Beispiel der Entwicklung des Profils der „insoweit erfahrenen Fachkraft". In: Böwer, Michael & Kotthaus, Jochem (Hrsg.), Praxisbuch Kinderschutz. Professionelle Herausforderungen bewältigen. Weinheim: Juventa. S. 44-58.

Jordan, Erwin (2008): Kindeswohlgefährdung im Spektrum fachlicher Einschätz-ungen und rechtliche Rahmenbedingungen. In: Jordan, Erwin (Hrsg.), Kindeswohlgefährdung. Rechtliche Neuregelungen und Konsequenzen für den Schutzauftrag der Kinder- und Jugendhilfe, 3. Aufl. Münster: Juventa. S. 23-37.

Kindler, Heinz (2005): Verfahren zur Einschätzung der Gefahr zukünftiger Misshandlung bzw. Vernachlässigung: Ein Forschungsüberblick. In: Deegener, Günther & Körner, Wilhelm (Hrsg.), Kindesmisshandlung und Vernachlässigung. Ein Handbuch. Göttingen: Hogrefe Verlag. S. 385-404.

Kindler, Heinz (2006a): Was ist unter Vernachlässigung zu verstehen? In: Kindler, Heinz et al. (Hg.), Handbuch. Kindeswohlgefährdung nach §1666 BGB und Allgemeiner Sozialer Dienst (ASD). München: Deutsches Jugendinstitut e.V. Kapitel 3.

Kindler, Heinz (2006b): Was ist unter physischer Misshandlung zu verstehen? In: Kindler Heinz et al. (Hg.), Handbuch. Kindeswohlgefährdung nach §1666 BGB und Allgemeiner Sozialer Dienst (ASD). München: Deutsches Jugendinstitut e.V. Kapitel 4.

Kindler, Heinz (2006c): Was ist unter psychischer Misshandlung zu verstehen? In: Kindler, Heinz et al. (Hg.), Handbuch. Kindeswohlgefährdung nach §1666 BGB und Allgemeiner Sozialer Dienst (ASD). München: Deutsches Jugendinstitut e.V. Kapitel 5.

Koppenfels-Spies, Katharina von (2018): Sozialrecht. Tübingen: Mohr Siebeck.

Krieger Wolfgang at al. (2012): Kindesmisshandlung, Vernachlässigung und sexueller Missbrauch im Aufgabenbereich der öffentlichen Träger der Jugendhilfe. Eine Einführung. Stuttgart: ibidem-Verlag.

Lillig, Susanne (2006): Welche Phasen der Fallbearbeitung lassen sich unterscheiden? In: Kindler, Heinz et al. (Hg.), Handbuch. Kindeswohlgefährdung nach §1666 BGB und Allgemeiner Sozialer Dienst (ASD). München: Deutsches Jugendinstitut e.V. Kapitel 44.

Lillig, Susanne (2006): Wie kann eine erste Gefährdungseinschätzung vorgenommen werden? In: Kindler, Heinz et al. (Hg.), Handbuch. Kindeswohlgefährdung nach §1666 BGB und Allgemeiner Sozialer Dienst (ASD). München: Deutsches Jugendinstitut e.V. Kapitel 48.

Maunz, Theodor (Hrsg.), (2003): Grundgesetz. Kommentare München: Beck. Art 6 Rd. - Nr. 141.

Meysen, Thomas (2012): Das Recht zum Schutz von Kindern. In: Institut für Sozialarbeit und Sozialpädagogik e.V. (Hg.), Vernachlässigte Kinder besser schützen. Sozialpädagogisches Handeln bei Kindeswohlgefährdung. 2. überarbeitete und ergänzte Aufl. München, Basel: Ernst Reinhardt. S. 17-57.

Nahrwold, Mario (2011): Inobhutnahme und Anrufung des Familiengerichts. Einfluss der Neuregelungen im Familienrecht auf die Kooperation von Jugendamt und Familiengericht. In: Goldberg, Brigitta & Schorn, Ariane (Hrsg.), Kindeswohl-gefährdung: Wahrnehmen – Bewerten - Intervenieren. Beiträge aus Recht, Medizin, Sozialer Arbeit, Pädagogik und Psychologie. Opladen, Farmington Hills: Verlag Barbara Budrich. S. 143-168.

Oberloskamp, Helga (2008): Das Jugendamt zwischen Hilfe und Kontrolle – neue Herausforderung für die Jugendhilfe? In: Lipp, Volker & Schumann, Eva & Veit, Barbara (Hrsg.), Kindesschutz bei Kindeswohlgefährdung – neue Mittel und Wege? 6. Göttinger Workshop zum Familienrecht. Göttinger Juristische Schriften, Band 4., Göttingen: Universitätsverlag. S. 45-63.

Pieper, Meinolf & Trede, Wolfgang (2011): Erfassung von Kindeswohlgefährdung im ASD. In: In Körner, Wilhelm & Deegener, Günther (Hg.), Erfassung von Kindeswohlgefährdung in Theorie und Praxis. Lengerich. S. 365-391.

Reich, Wulfhild (2005): Erkennen – Bewerten - Handeln. Ein Diagnoseinstrument bei Kindeswohlgefährdung: Der Stuttgarter Kinderschutzbogen. In: Deegener, Günther & Körner, Wilhelm (Hrsg.), Kindesmisshandlung und Vernachlässigung. Ein Handbuch. Göttingen: Hogrefe Verlag. S. 511-532.

Schindler, Gila (2011): Kindeswohlgefährdung als Anlass für Interventionen – rechtliche Aspekte. In: Körner, Wilhelm & Deegener, Günther (Hg.), Erfassung von Kindeswohlgefährdung in Theorie und Praxis. Lengerich. S. 29-55.

Schmid, Heike & Meysen, Thomas (2006): Was ist unter Kindeswohlgefährdung zu verstehen? In: Kindler et al. (Hg.), Handbuch. Kindeswohlgefährdung nach §1666 BGB und Allgemeiner Sozialer Dienst (ASD). München: Deutsches Jugendinstitut e.V., Kapitel 2.

Schone, Reinhold et al. (1997): Kinder in Not. Vernachlässigung im frühen Kindesalter und Perspektiven sozialer Arbeit. Münster: Votum.

Schone, Reinhold (2008): Kontrolle als Element von Fachlichkeit in den sozialpädagogischen Diensten der Kinder- und Jugendhilfe. Expertise im Auftrag der Arbeitsgemeinschaft für Jugendhilfe. Berlin: AGJ.

Schone, Reinhold & Hensen, Gregor (2011): Der Begriff der Kindeswohlgefährdung zwischen Recht und Praxis. In: Körner, Wilhelm & Deegener, Günther (Hg.), Erfassung von Kindeswohlgefährdung in Theorie und Praxis. Lengerich. S. 13-28.

Schorn, Ariane (2011): Erscheinungsformen, Folgen und Hintergründe von Vernachlässigung und Misshandlung im frühen Kindesalter. In: Goldberg, Brigitta & Schorn, Ariane (Hrsg.), Kindeswohlgefährdung: Wahrnehmen – Bewerten - Intervenieren. Beiträge aus Recht, Medizin, Sozialer Arbeit, Pädagogik und Psychologie. Opladen, Farmington Hills: Barbara Budrich. S. 9- 28.

Schulze-Krüdener, Jörgen & Homfeldt, Hans Günther (2001): Praktika: Pflicht oder Kür? Perspektiven und Ziele der Hochschulausbildung zwischen Wissenschaft und Beruf. In: Dies. (Hrsg.), Praktikum - eine Brücke schlagen zwischen Wissenschaft und Beruf. Neuwied: Juventa. S. 196-206.

SGB VIII: Das Achte Buch Sozialgesetzbuch – Kinder und Jugendhilfe – in der Fassung der Bekanntmachung vom 11. September 2012 (BGBl. I S. 2002), das zuletzt durch Artikel 2 des Gesetzes vom 19. Dezember 2018 (BGBl. I S. 2696) geändert worden ist.

Spiegel, Hiltrud von (2008): Methodisches Handeln in der Sozialen Arbeit. Grundlagen und Arbeitshilfen für die Praxis, 3. Durchgesehene Aufl. München, Basel: Reinhardt.

Tenorth, Heinz-Elmar & Tippelt, Rudolf (2007): Lexikon Pädagogik. Weinheim, Basel: Beltz.

Unger, Elisabeth (12.August 2008): Die wichtigsten Änderungen durch das KiWoMaG. Abgerufen 14. August 2008, von https://www.rechtsportal.de/Familienrecht/Aktuelles/Die-wichtigsten-Aenderungen-durch-das-KiwoMaG

Unterstaller, Adelheid (2006) : Was ist unter sexuellem Missbrauch zu verstehen? In: Kindler Heinz et al. (Hg.), Handbuch. Kindeswohlgefährdung nach §1666 BGB und Allgemeiner Sozialer Dienst (ASD). München: Deutsches Jugendinstitut e.V. Kapitel 6.

Wiesner, Reinhold (2005): Rechtliche Grundlagen der Intervention bei Misshandlung, Vernachlässigung und sexuellen Missbrauch. In: Deegener, Günther & Körner, Wilhelm (Hrsg.), Kindesmisshandlung und Vernachlässigung. Ein Handbuch. Göttingen: Hogrefe Verlag. S. 282-300.

Wiesner, Reinhold (2006): Was sagt die Verfassung zum Kinderschutz? In: Kindler Heinz et al. (Hg.), Handbuch Kindeswohlgefährdung nach §1666 BGB und Allgemeiner Sozialer Dienst (ASD). München: Deutsches Jugendinstitut e.V. Kapitel 1.

Wiesner, Reinhard (2008): Die Verbesserung des Schutzes von Kindern und Jugendlichen vor Gefahren für ihr Wohl durch das Kinder- und Jugendhilfeweiterentwicklungsgesetz (KICK). In: Jordan, Erwin (Hrsg.), Kindeswohlgefährdung. Rechtliche Neuregelungen und Konsequenzen für den Schutzauftrag der Kinder- und Jugendhilfe. 3. Aufl. Weinheim, München: Juventa. S. 9-21.